LGBT
ウェディング

セクシャル・マイノリティ、
ウェディング業界人のための入門書

ウェディングスビューティフル協会
代表 葛和フクエ

どんなカップルにも、
幸せな結婚式を挙げる
権利があります！

bio
books

Contents
目次

prologue

人生の新たな門出となる結婚式をすべてのカップルに

chapter1

それぞれのカップルの夢を叶える ホームウェディング

chapter2

ＬＧＢＴの社会的認知度とその権利意識の高まり

chapter3

アメリカ・ＬＧＢＴ婚コーディネーターとの対談

chapter4

リゾートで挙げるLGBTウェディング【ハワイ&沖縄】

epilogue

LGBT婚という言葉を使わなくともよい社会に

あとがきに代えて

コラム アメリカの最新トレンド

prologue

人生の新たな門出となる結婚式を
すべてのカップルに

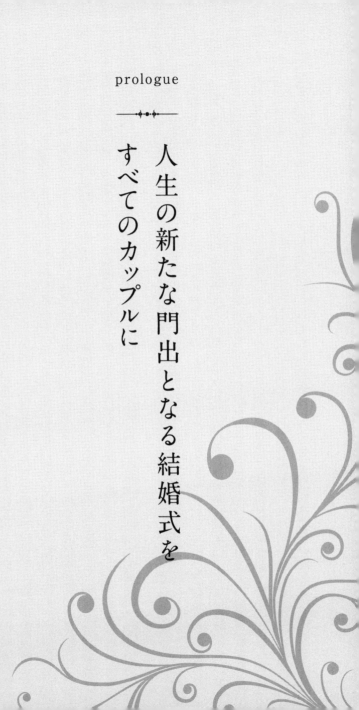

ホームウェディングというスタイルをクリエイト

人がこの世に生を受けた後、節目節目で、さまざまなお祝いごとがあります。子ども時分のお祝いごと、お宮参りにはじまり七五三のお祝い、さらには入学式に卒業式など、振り返るとそれらはすべてご両親（ご家族）がお膳立てをしてくれます。また、人生の最期のイベントとなる葬儀も自分で行うことはできません。

結婚式とは人生のなかで唯一、結婚を決めた二人が自分たち自身で企画し、作り上げ、そして自分たちが主役となれる一大イベントです。

洋の東西を問わずいつの時代であっても、結婚式は、実際に式を挙げたカップルにしか体験できない、人生でいちばんの至福のイベントなのです。

私自身、30年近くにわたって数多くの結婚式をプロデュースしてきましたが、一つひとつに深い思い出があります。結婚式を挙げられたカップルだけではなく、二人の結婚を心から祝福するために列席されたみなさんの笑顔が強く印象に残っています。そんなみなさんの笑顔や「とてもよいお式だった」というお言葉が、よりよい結婚式をこれからも作り上げていこうという私どもの原動力になってきたのは間違いありません。

結婚式は、その時代の空気に大きく影響を受け、さまざまな形に変化してきました。たとえば1980年代、日本中がバブル経済の繁栄を謳歌していたころ、ホテルの大宴会場を借り大勢の列席者を招いて、とても派手な披露宴を行うカップルが多くいました。当時は、披露宴でカップルが入刀するウェディングケーキの高さが年々、高くなっていったといわれています。

ところが、90年代に入りバブルがはじけ日本経済が一気に冷え込むと、結婚式や披露宴も質素になり、費用をあまりかけない、いわゆる〝ジミ婚〟が流行るようになりました。同時に、そのあたりから結婚式を専用式場やホテル以外で行うというトレンドも生まれました。そういった時期に、私は日本で初めて〝ホームウェディング〟という新しい結婚式のスタイルを確立させたのです。ホームウェディングについては、後で詳しく説明しますが、そのころ新築した私の自宅で結婚式や披露宴を開くことを思いついたのです。

ホームウェディングは、それまでにないウェディング・スタイルでしたが、私どもに続いて、その後、ウェディング業界でも徐々に浸透していきました。ホームウェディングに近いスタイルとして、「ゲストハウスウェディング」があります。こちらは、ヨーロッパ邸宅のような一軒家を貸切するスタイル。この二つは、一般的には同じカテゴリーとして分類されますが、厳密には異なります。現在では、1年間で結婚式・披露宴を行った全カップルのうち、約15％がハウスウェディングスタイル（ホーム、ゲストハウス）の結婚式を挙げているという数字もあります。ちなみに、現在、結婚式を挙げる全カップルのうち約38％が一般の結婚式場を利用し、次いでホテルの利用は約27％という統計もあります（結婚トレンド調査「ゼクシィ」２０１５）。

人とのつながりを重視する結婚式がトレンドに

ここ数年、私どもで結婚式・披露宴を挙げるカップルを見ていますと、カップルが主役という従来のスタイルから、ご両親（ご家族）をはじめとする列席者に対して、自分たちの結婚式・披露宴に出席していただいたことへの感謝の気持ちを表すような演出が増えている気がします。

また、これまで披露宴ではカップルのお披露目をメインとしていましたが、現在では、カップルの末永い幸せをみんなでお祝いし、それをわかちあいましょう、という雰囲気のものが多いようです。

こういった傾向は、私どもだけではありません。ウェディング業界全体で、カップルとその家族や近しい人たち全員が一つとなって、みんなでお祝いをする「つながり婚」が大きなトレンドになっているといわれています。

この背景には、2011年に起きた東日本大震災の影響があるのではないでしょうか。あの大震災を体験した方たち、また、大震災の模様をテレビ等で観た多くの日本人は、あらためて家族や親しい人たちがどれだけ自分にとって大切な存在であったかを知り、人とのつながりこそが生きていくうえでもっとも大切であることを再認識したと思います。

これまでの結婚式で、ご両親（ご家族）が参加する場面としては、花嫁の父親が花嫁と一緒にバージン・ロードを歩くということが代表的なものでした。最近では、バージン・ロードを二人が歩む前に、花嫁の母親が、ウェディングドレスに身を包みベールを被った娘のベールを下ろす「ベールダウン」を行うケースがとても増えています。

そもそも、花嫁が被るベールには、邪悪なものから身を守るという意味合いがあります。また、長年、娘を手塩にかけて育ててきた母親が自身の手で花嫁のベールを下ろすことで、娘が母親の手を離れたことを意味しているのです。

そして、新婦は父親と一緒にバージン・ロードを歩き新郎の元まで歩みます。ここで新婦のご両親（ご家族）の役割は終わりを告げます。今度は新郎が新婦のベールを上げキスをすることで、二人の絆が永遠のものとなり新たな生活がはじまるのです。

ウェディング業界でホームウェディングが注目される理由

２０１４年の1年間に日本で婚姻届を出したカップルの総数は約64万４千組でした。最近20年間の動向を見ると、団塊ジュニアたちが数多く結婚した２０００年の約80万組をピークに、その数は減少傾向にあります。その要因として少子化があることはいうまでもないでしょう。今後も日本全体での人口減少に伴って婚姻組数は減少を続け、２０２３年には約57万５千組までになるという予測もされています。

バブル経済が絶頂期だったころは、婚姻するカップルの約９割近くが結婚式・披露宴を挙げていたという時期もありました。しかし、現在では、結婚式・披露宴を挙げるカップルは全体の約半数といわれています。籍は入れたけれど結婚式は挙げないという、いわゆる〝ナシ婚〟カップルが半分もいるのです。

ナシ婚を選択したカップルにその理由を聞くと、主なものとして、「経済的負担が大きい」「できちゃった婚だから恥ずかしい」「結婚式というセレモニー自体に興味がない」といったことがあります。結婚式や披露宴は専用の式場やホテルで行うのが多く、それだとどこでも同じようなスタイルの結婚式や披露宴しか挙げられない……というイメージや固定観念があるのかもしれません。また、最近では、どちらかが再婚で、それが理由でナシ婚を選んだというカップルもけっこういるようです。

ところが、ナシ婚で済ませた多くのカップルは、その後、結婚式や披露宴を挙げなかったことを後悔している、という調査結果もあります。たしかに結婚式や披露宴には相当の出費と手間がかかりますが、「結婚式という場で双方の両親に感謝の気持ちを伝えたかった」、という思いを抱くカップルがとても多いのです。

私は、そもそも結婚式や披露宴に決まったスタイルなどないことを声を大にしてお伝えしたいのです。結婚式や披露宴は、結婚する二人が思いのまま、やりたいようにやるべきセレモニーであるとずっと思ってきました。言葉を変えれば、十組のカップルがいれば十通りの結婚式や披露宴があるべきなのです。

これこそが私の結婚式に対する信条であり、それをいちばん実現できるのがホームウェディングだと確信しています。

現状から将来を見渡すと、ウェディング業界は今後、ますます厳しい状況になっていき、業界内での生き残りのための競争はより激しくなっていくことでしょう。しかし、こういった状況こそ私どもが企画・運営しているホームウェディングは逆に、業界内でシェアを伸ばしていく絶好の機会であると考えています。

なぜなら、ホームウェディングとは各カップルの予算や希望をもとに、カップルと私どもが共に作り上げていく「オーダーメイド」の結婚式だからです。一組一組ごとに予算や希望が異なるカップルに対し、最大限、心から結婚式や披露宴を挙げてよかったと思えるサービスを提供できるのは、ホームウェディングがもっとも適した結婚式のスタイルなのです。

今後の企業経営で欠かせない視点、ダイバーシティとは？

ところで、最近、日本のさまざまなビジネス分野で〝ダイバーシティ〟（Diversity）という言葉の重要性が喧伝されるようになりました。ダイバーシティとは、各企業内で働く人たちの多様な個性を認めそれを活用すること、さらには社会に向けて従来の固定観念にとらわれず、さまざまな個性に対応する活動体制を取ることを意味します。

日本より一足早くアメリカでは、多くの巨大企業が今後さらなる企業活動を続けていくうえで、ダイバーシティをその根本に据えるべきものとしてとらえています。ダイバーシティを視野に入れていなければ、生き残れないという危機感を抱き、さまざまな改革を打ち出している企業がとても多いと聞きます。

アメリカでは、ダイバーシティを「ダイバーシティ&インクルージョン（Diversity & Inclusion：包括する・包合する）」とセットで表現するのが一般的です。人種のるつぼともいわれるニューヨークをはじめアメリカ国内には、さまざまな人種の人たちが数多く暮らしています。当然のことながら、宗教や価値観、社会的背景などが大きく異なります。そういった個々の違い（多様性）を受け入れ、認め、活かしていくことが「ダイバーシティ&インクルージョン」なのです。

日本の各企業内では、現在、ダイバーシティの取り組みの例として「女性や外国人の登用・起用」を挙げるところが多くあります。これからますます増加していくことが確実なインバウンド（訪日外国人観光客）への対応なども含め、各企業が活動を行うさまざまな場面で、ダイバーシティという考え方が広まることは間違いないでしょう。

セクシャル・マイノリティに注目が集まった新しい流れ

ウェディング業界に目を転じると、今後、予想される業界全体の縮小化のなかで、生き残るためにどんな対応をしていくかを考え実行することがもっとも重要なテーマとなります。言葉を変えれば、ウェディング業界こそ、ダイバーシティを念頭に置いた新しいビジネスの構築が今、まさに求められていると私は強く感じています。

そのキーワードの一つとして、私はLGBTの人々への対応を今後、どう展開していくかがとても重要だと思っています。

後でも詳しく説明しますが、LGBTとは、レズビアン（Lesbian：女性同性愛者）、ゲイ（Gay：男性同性愛者）、バイセクシャル（Bisexual：両性愛者）、トランスジェンダー（Transgender：性別異和、生まれた時の性とは異なる性で生きる人）の頭文字を取ったもので、セクシャル・マイノリティ（性的少数者）の人々を表す言葉です。

日本では、ほとんどの方の意識として、婚姻は男女間のものという考えが根強くあります。しかし、欧米のみならず世界の各国で、ここ5年位の間に同性婚を男女間の結婚と法律的に同等のものとする国が増えています。以下、同性婚等を「LGBT婚」

（LGBT Wedding）と呼びます。これに対して、異性間の結婚を「ストレート婚」と呼びます。その点では2015年は画期的な年でした。6月にアメリカでは、連邦最高裁判所がそれまで同性婚を認めていなかった13州のうち、オハイオやミシガンの4州の州法を違憲だと判断したのです。つまり、この判決で、アメリカでは全50州で同性婚が法律的に認められることになったのです。

一方、日本でも11月に東京都渋谷区が全国の自治体にさきがけて、同性カップルのパートナーシップ証明書の交付をはじめました。自治体レベルではありますが、同居する同性カップルの権利を初めて認めたのです。交付第一号のカップルは女性同士でした。二人はともにウェディングドレスを着て、東京ディズニーランドで結婚式を挙げました。その様子は新聞や雑誌などで大きく取り上げられたので、目にされた方も多いのではないでしょうか。ただし、いうまでもなく、日本での同性婚は法律的には認められていません。

今後、ウェディング業界全体でLGBT対応は必須

日本人には、LGBTの人々のような、社会のなかで大多数の人たちと異なる生き

方や考え方、性的指向などを持つ少数派の人たちを、色眼鏡で見たり遠ざけたりするという国民性がまだまだあります。でも一方で、日本の歴史を振り返ると、キリスト教やイスラム教に代表されるように、宗教が倫理的に厳しく同性同士の恋愛や結婚を禁ずるといったことはありませんでした。

ここにきて日本国内でも、グローバル化に伴い、国や各地方自治体、さらには各企業を含めた社会全体で、少しずつではありますが、ＬＧＢＴの人々の存在を認め、権利を守ろうとする動きが出てきています。

そういった意味では、ウェディング業界でもＬＧＢＴのカップルが少数派だという理由や、前例がない、他のお客様に迷惑がかかると困る……などと、結婚式や披露宴をお断りするのは、決して許されることではありません。

先に十組のカップルがいれば十通りの結婚式・披露宴があるべきだと書きましたが、そのカップルが異性同士でないといけない理由はどこにもないのです。愛する二人の新たな生活のスタートを祝う結婚式は、どんな人であっても、挙げる権利があるのですし、幸福になっていただきたいのです。

chapter1

それぞれのカップルの夢を叶える ホームウェディング

ホームウェディング事始め

プロローグでも少し触れましたが、まずは、なぜ私が「ホームウェディング」という新しい結婚式のスタイルを作ったのか、さらにはその背景、考え方、具体的な内容や、実際にホームウェディングを挙げた方からの声などを紹介していきましょう。

❖

結婚式と聞くと今でも多くの方は、結婚式専用の式場やホテルのバンケットルームで行うものと、まずはお考えになると思います。最近では、お気に入りのレストラン、お洒落な会員制クラブやレンタル・スペースを借りて結婚式を行う人たちもいますが、専用式場やホテルを利用する方に比べれば少ないのが現状です。

私どもジャスマック八雲が「ホームウェディング」という日本で初めての結婚式のスタイルを確立し、ビジネス化したのは1991年のこと。今からちょうど25年前になります。東京・目黒区八雲の住宅地に私の自宅を建てたのが、そもそものきっかけでした。

でも、最初からそこで、ホームウェディングをはじめようとは、考えてはいませんでした。もともと自宅にするつもりで建てたので、各部屋の間取りや建材一つひとつに細かい注文を出し、建築家もそれに十分に応えてくれて、とても素敵でスタイリッシュな洋館が完成しました。

そこで快適な生活を送っているうちに、私のなかに一つの思いが浮かびました。「せっかくこんなに素晴らしい家ができたのだから、ここに私たち家族が住むだけでなくこの家で何かできないか……」。そう毎日考えるようになったのです。

併せて、当時バブルが過ぎ去って経済が安定し、量より質、価値観の多様化と本格的なグローバル化が始まり、画一的な結婚式の時代も曲がり角に差しかかっていると肌で感じられました。

その時、思い浮かんだのが、ハリウッド映画のワン・シーンでした。みなさんも一度はきっと、ご覧になったことがあると思います。ハリウッド映画では、結婚式の場面になると、大邸宅の広いお部屋や広大なお庭を開放して、両親や兄弟、さらには数多くの親戚、友人・知人を招いての盛大なウェディングパーティを開いている様子がよく映し出されます。

アメリカでは、お金持ちだけでなく、自宅で行うホームウェディングは一般的な結婚式のスタイルの一つです。自宅に大勢のお客様をお招きして、新郎新婦と出席者全員がフレンドリーな雰囲気のなか談笑したり、食事をしたり、乾杯をしたり、ダンスをしたりします。そこに集った全員が、新郎新婦の結婚を心から祝福し、楽しい時間を共有しています。そういった結婚式に私はずいぶん前からとても憧れていたのです。

文字通り、ホームウェディングとは「自宅で行う結婚式」です。

日本のような婚礼専用の式場がほとんど存在しないアメリカでは、一般的な結婚式のスタイルですが、なにも自宅に限ったことではなく、たとえば美術館や博物館のホールや古い屋敷の部屋を借りたり、さらにはワイナリーの敷地内やゴルフ場のクラブハウスを使ったりすることもよくあります。

日本でも昔から伝統的に自宅で結婚式を挙げることが一般的でした（家婚式）。今でも地方に行くと自宅で挙式をする慣習が残っています。これこそ日本のホームウェディングの原型です。しかし高度経済成長時代に入ると、東京に人口が集中して家は狭くなってしまいました。その結果、東京ではホテルや結婚式場で挙式することが一般化し、そのスタイルが全国に普及していきました。従ってホームウェディングとは、新しくて古いウェディング形態なのです。

そんなオリジナリティのある結婚式を「新築したわが家で、できないかしら……」

と、ふと思ったのがすべてのはじまりです。そう思いはじめると、大好きな映画のシーンが次々とよみがえり、ワクワクしたことを今もよく覚えています。とにかくやってみようと思い立ち、それから早速ホームウェディングを行うための準備をはじめました。

当時、夫は全国各地でホテルや商業ビル経営を行っていましたが、私自身、ウェディング事業に関してはほとんど素人でした。そこで、夫のスタッフの助けを借り、「ホームウェディング」をはじめるための本格的な準備に取りかかりました。

そして、私どもでのホームウェディングの記念すべき第一組目は、自宅の設計を行ってくれた建築家のカップルのウェディングとなったのでした。

結婚式に対する私の理念と考え方

そもそも結婚式とは、永遠の愛を誓い合い、これからの生涯を共にしようと決めたカップルが、二人を支え、育ててくれた大勢の方々の前でその気持ちや決意を披露する場です。言葉を変えれば、二人にとって「人生のけじめの場」ともいうことができます。

近年ともすれば同棲、内縁、未婚の父母等の非公式な婚姻関係や家族関係が社会的にオープンになり、市民権を得られたように見受けられます。しかし、反対にこのようなケースが多くなることによって、何らかの「けじめ」がより求められているのではないでしょうか。

基本的に婚姻関係、家族関係を社会、コミュニティ、会社、家族に対して明確に表示することが「けじめ」であると思います。カップルが「けじめ」をつけて社会的な義務を負い、責任を持つということでもあります。いうなれば結婚式とはけじめをつける儀式なのです。

新郎新婦が集まってくださった方々とコミュニケートして感謝を伝え、みんなから祝福される場、それが結婚式です。そして結婚式は二人のこれからの人生をはじめるための自己表現でもあります。

パーティの会場内には、祝福したいという気持ちと祝福されたいという思いが幾重にも重なり合い、「幸せ」のオーラが充満し、みんながそれを心から楽しんでいます。ですから、そこには本来ならば、形式ばったことはあまり必要ないと私は思います。

でも、日本人はともすれば一生に一度のイベントだからと、招く側は、ついつい形式にこだわったり、列席者のみなさんに失礼がないようにとすべての注意を向けがちです。

かつては、新郎新婦のご両親（ご家族）が、結婚式に際して、ご列席くださったお客様に粗相があってはならないという意識がとても強くありました。日本での結婚式のおもてなしの基本はここにあるような気がします。

しかし、そのおもてなしもいきすぎれば形式化してしまい、カップルの思いが反映されにくくなります。これは日本の文化のよいところでもありますが、新郎新婦もあまり気を遣いすぎないほうが、ご自身だけではなくかえってご列席のみなさま全員が心から楽しめるはずだという思いが、私の「結婚式観」の根底にあります。

欧米の結婚式では、新婦はウェディングドレスを着たまま、ご列席された方々と次々にお話をして回ることがよくあります。場合によっては、飲み物がみんなにきちんと届いているかなどといった心配りに余念がありません。

一方、日本の結婚式では、新婦のおぐしが少しでも乱れるとメイク係りがすぐに近づいて、それを直します。お式の後、写真を撮るまで綺麗にしておくためです。

なんだか、そういった光景を見ていると、結婚式を新郎新婦自身も参加し楽しみ、列席いただいた方々にもくつろぎ楽しんでいただくというより、写真のほうが大切なのかしらと思ってしまうこともあります。ただし、こういったことも、最近の若いカッ

結婚式の形式化

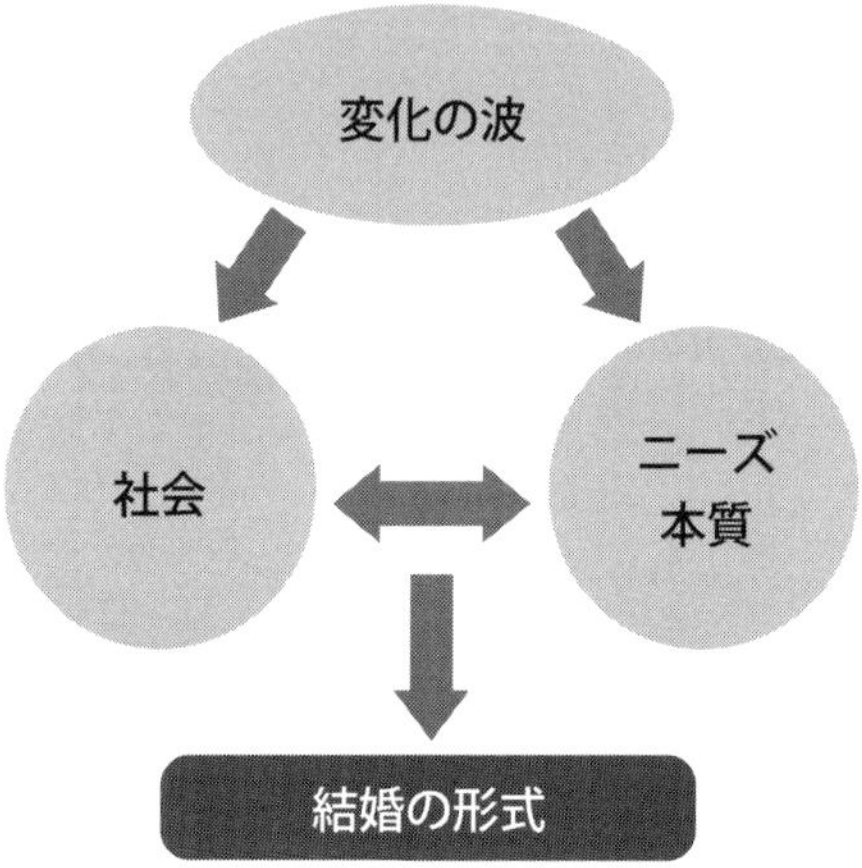

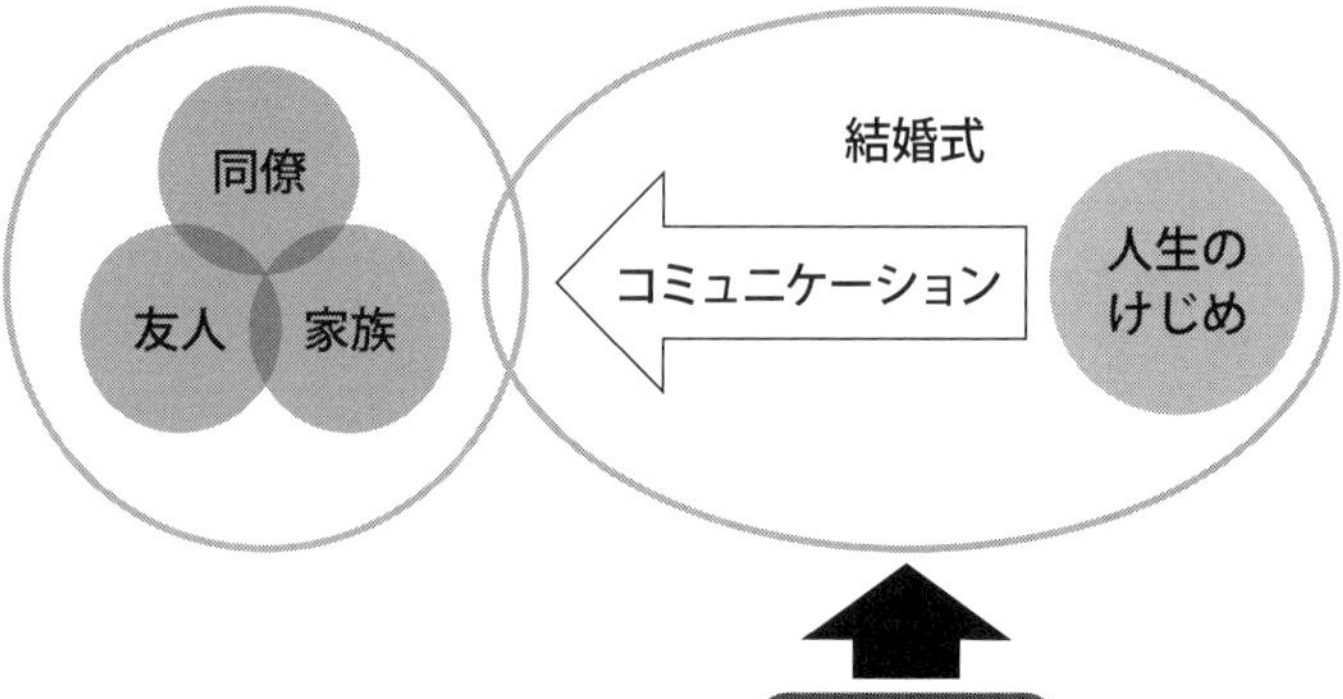

©Keiichi Miwa

プルではだいぶ、少なくなりましたが……。

結婚式でのおもてなしのスタイルは当然、国、地域や時代によって異なります。どれが正しい、どれがよいとは一概にはいえないと思います。でも、ご列席された方全員がコミュニケートをしながら新郎新婦を心から祝福し、式の間はみんなで楽しむということが根底にあることは間違いありません。

また、結婚式とは社会を映す鏡だと思います。社会の変化に伴い、結婚式も当然影響を受け変化してきています。その意味では、ホームウェディングを受け入れる社会状況が日本にもやっと到来したと実感しています。

型（従来の結婚パターン）は本質的なニーズと社会環境によって形成されて、一度パターン（型）化されると変化に対して抵抗をして自らを維持しようとします。でもそれは形がい化する一歩でしかありません。もちろん型は美しいし、守るべきものも多くあります。

私どもは新しい視点で、本質は何かという問いかけと、社会環境の変化を敏感に嗅ぎ分けて、新しい型を提案してきました。特に女性からの視点と感性を重視しています。そのために私は現場の視点から見られるよう、今も第一線で頑張っています。

私は単に新しいものを導入してきた訳では決してありません。社会が必要としていることやお客様のニーズに基づいて、「本質とは何か」を常に問いかけてきたにすぎません。

後に述べるＬＧＢＴ婚はまさにそのケースです。

スタンディングスタイルでコミュニケーション向上

特に近年は核家族化の影響で、昔のように親戚や家族が集まり、宴席を設ける機会がほとんどなくなってきました。ウェディング会場は親戚が集い旧交をあたためため、コミュニケーションができる貴重な場となっています。

友人同士だとネットで連絡を取っているかも知れませんが、「フェイス・トゥー・フェイス」で会える貴重な場でもあります。

スタンディングスタイルウェディングであればコミュニケーションを相互にとることができますし、独身同士の出会いの機会にもなります。

発想を変えれば、結婚式はコミュニケーションの場ですから、形式にとらわれず結婚式を有効に活用すべきであると思います。

高齢化や核家族化に伴い、疎外が進んでいる社会やコミュニティのなかで、ウェディングは人とコミュニケーションができるオアシスでもあります。食事にしてもビュッフェスタイルは距離が近いのでお話がよくでき、コミュニケーションを図るのにはもってこいです。

日本は豊かな社会になってしまい、結婚式での食事に対するプライオリティは今では決して高くはありません。たとえば私が子どものころ日本は貧しい時代で、子どもは結婚式の折詰のお土産を大変なごちそうとして待ち焦がれていました。従って結婚式の食事は重要でしたし、式に参加する一つの目的でもありました。

しかし、現在は週末に家族でレストランに行けば、結婚式レベルの食事を簡単にとることが可能になりました。その意味では食事のフルコースよりはお互いのコミュニケーションの機会を尊重する傾向が強くなっています。

ＬＧＢＴ婚ではまさに社会、コミュニティ、家族とのコミュニケーションが重要な訳ですが、社会がオープンでなければ本当の意味でのコミュニケーションはなかなか難しいです。結婚は社会と深く関係しているとお話ししましたが、ＬＧＢＴ婚はオープンで多様性に富んだ社会でこそ達成できます。私は今後も本質とは何かを常に問いながら、原点に戻って新たな提案をしていきます。

ホームウェディングスタイルが社会で認知

私がホームウェディングをはじめた当初は、結婚専門雑誌もネットも未だなかった時代にも関わらず、参加者や知り合いの方々の口コミだけで徐々に広まっていきました。

ありがたいことに、私どもでホームウェディングを行われたカップルや出席者の方々は、あたたかくて飾りすぎない私どものスタイルをとても気に入ってくださり、次々とお話を聞かれた方々からのコンタクトが増えていきました。

当時はグローバル化に伴い、国際結婚が盛んになりはじめたころということもあり、外国人と日本人のカップルが申し込まれることが多かったですね。やはり、アメリカ人に限らずヨーロッパの人たちも自宅で結婚式を行うことがあるので、ほんとうに自然な感じで気軽にジャスマック八雲をご利用され、オリジナリティあふれるホームウェディングパーティを楽しんでくださいました。ホームウェディングの本場のアメリカやヨーロッパの方に最初に認めていただけたことはうれしいことでした。

また、当時はこんなスタイルの結婚式があまりなかったので、芸能人の方々のご利用もけっこうありました。まさに価値観の多様化と相まってみなさまに受け入れられました。

ほかに類似する結婚式や先例がないウェディング業界のイノベーションとしてはじめたホームウェディングも、口コミを通じて社会に少しずつ広がっていきました。今となっては私どものスタイルが一般的な選択肢の一つとして確立され、本当にうれしく思っています。

また、ホームウェディングの日本での先駆者として、これからも、もっと素晴らしい新しいオリジナルウェディングスタイルをご提供できるよう、私どものウェディングプランナーとスタッフ全員の努力と切磋琢磨は続いていきます。

多様なウェディングスタイルの開始

常日頃から、ほかではできないことを、とにかくやってみようと積極的に取り組んできました。たとえば、ワンちゃんや猫ちゃんが参加できるウェディングパーティーをはじめたのも私が最初だと思います。近年、ペットが家族の一員と認知されており、ペットの参加するウェディングのニーズは拡大しています。

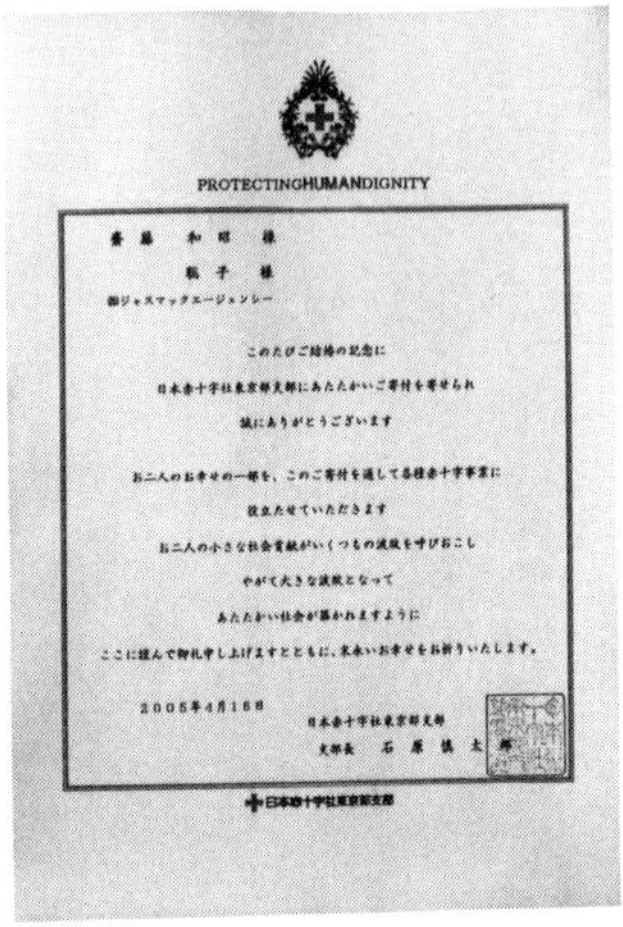

PROTECTINGHUMANDIGNITY

齋藤 和昭 様

聡子 様

㈱ジャスマックエージェンシー

このたびご結婚の記念に

日本赤十字社東京都支部にあたたかいご寄付を寄せられ

誠にありがとうございます

お二人のお幸せの一部を、このご寄付を通して各種赤十字事業に

役立たせていただきます

お二人の小さな社会貢献がいくつもの波紋をよびおこし

やがて大きな波紋となって

あたたかい社会が築かれますように

ここに謹んで御礼申し上げますとともに、末永いお幸せをお祈りいたします。

2005年4月16日

日本赤十字社東京都支部

支部長 石原慎太郎

日本赤十字社東京都支部

日本赤十字社からの感謝状

リゾートウェディングも、先駆けてスペインのマヨルカ島で１９９３年にプロデュースしたこともありました。日本から遠く離れたスペインの離島でのオリジナリティあふれるリゾートウェディングは、私の記憶に刻み込まれています。

ほかにもチャリティウェディングを試みました。チャリティウェディングとは、新郎新婦が結婚の記念に社会人としての自覚を高めて、少しでも社会貢献をすることを願って寄付されることをお手伝いするものです。私どもは２００５年10月14日に商標登録をしております。寄付は金額の多少よりもカップルのお気持ちを大事にし、日本赤十字社東京支部を通じて寄贈させていただきます。その時、私どももカップルと同額を併せて共同寄付いたします。

日本赤十字社からは感謝状が送られています（右の写真参照）。このようなことをなさることでカップルの社会的な評価が高まりますし、共有できる生涯のよい結婚記念にもなります。一人でも多くの人に思いやりの手を差し伸べられればと、大変うれしく思います。後で述べる結婚を通じた社会貢献です。

ウェディングを通じてこれら（カップルと企業）が社会貢献している一例です。その意味では、欧米のウェディングの機会を通じてドネーション（寄付）する精神と同じ姿勢です。

ある時は、ホームウェディングを開く際、日にちとウェディングを行っている時間をお知らせし、その間ならいつでもご列席くださいというスタイルで行ったこともありました。

そして、結婚式を二部制で行うというスタイルをはじめたのも、私どもが最初でした。せっかくウェディングドレスを着たのに、たった2時間から2時間半で終わってしまうのはもったいないと思い、海外のウェディングパーティをヒントに考えたウェディングスタイルでした。

今では、二部制のウェディングパーティはわが社の大きなセールスポイントとなっ

多様なウェディングスタイル

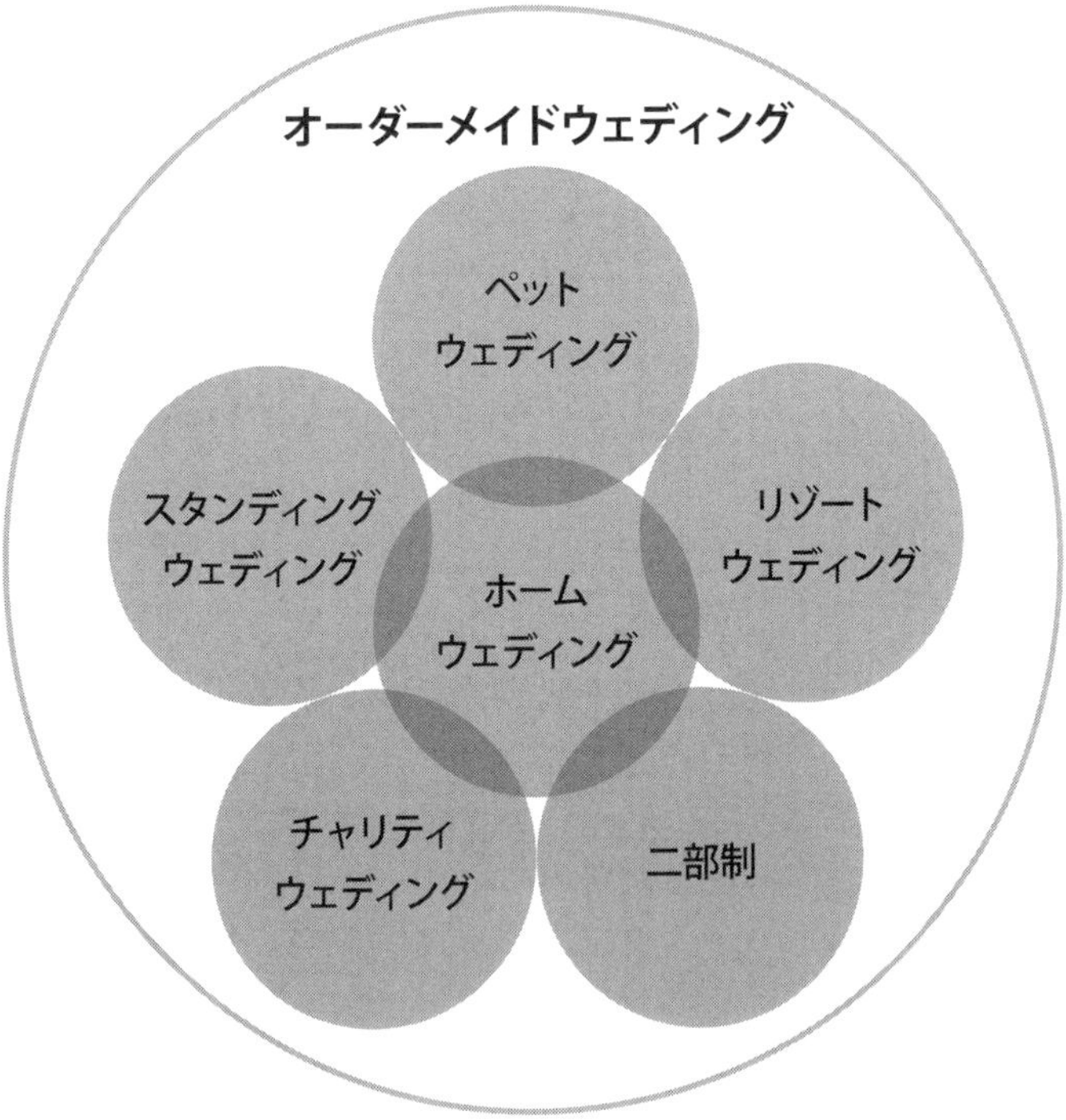

©Keiichi Miwa

ており、大勢のカップルにご利用いただいております。

ウェディング業界のイノベーター

ここまで紹介してきたように、ウェディングに関して、これまで誰もやったことがない、色々な新しいプランを打ち出し、顧客のニーズに合わせてオーダーメイド的にとにかくやってみようという思いの根底には、私どもがウェディング業界のなかで新規参入者だったことがとても大きかったと思うのです。いってみればイノベーターでした。

新規に参入したからこそ、これまでの業界の常識や既存のルールにとらわれすぎることがあまりなく、本質を考えて納得できれば、それが多少の冒険であったとしても、ためらいなく実施することができました。

私の経営方針は量より質を追求し、そして浮利を追わないことです。私は高度経済成長、バブル時代、バブル崩壊後の安定成長時代と時代の流れのなかでビジネスを経験させていただき、そこで本質は何かということを多少学びました。ですから、本物をみなさまに提供したいのです。

また、ホームウェディングをはじめたジャスマック八雲が目黒の住宅地にあり、最寄り駅から少し離れているハンディもありました。常に何か新しいことをやらないと、なかなか利用してもらえないという意識が、結果的によい意味で後押ししたと考えています。

結婚式場を経営していくうえで、画一的大量生産的なスタイルの結婚式をパッケージ化した方が、短期的に経営面をはじめさまざまな局面でメリットがありますし、何より利益も出しやすいのはいうまでもありません。

でも、ホームウェディングをはじめた当初は、それほどでもありませんでしたが、年を経るに従って、オリジナリティあふれるオーダーメイドウェディングをしたいと考えるカップルは確実に増えてきています。そういったニーズにきちんと長期的に応えてきた積み重ねと、社会環境変化に対応した結果によって、現在多くのカップルにホームウェディングをご支持いただいているのだと確信しています。

ホームウェディングをはじめて25年もの月日が経ちましたが、最近ご利用くださったカップルから次のようなコメントをいただき、とてもうれしく思いました。

「当初はお気に入りのレストランを借り切っての結婚式も考えていました。でも、お式をプロデュースしてくれる人が、何かにつけて、『レストランウェディングは、こうすべき』というアドバイスをされました。最初はそんなものかと思って聞いていましたが、やっぱり自分たちの結婚式は、自分たちの希望や理想を100％叶えた形で行いたかったので、レストランウェディングはいったんあきらめました。

そんな時に出会ったのがジャスマック八雲で、自分たちの希望や意見を最大限取り入れてくれて、オリジナリティあふれるオーダーメイドウェディングを挙げることができたのでとても感動しました」

ジャスマック八雲でウェディングを挙げられたカップルには、「せっかくこんなふうに自分たちで作り上げホームウェディングを楽しめたのだから、結婚後も、何かの折には、自宅に友人知人を招いて、ぜひホームパーティを開いてくださいね」と常々、お話しさせていただいています。

WELCOME

カップルの自己表現をプロデュースする重要性

私どものホームウェディングでは、十組のカップルがいれば十通りの異なったスタイルの結婚式が行われています。一つとしてまったく同じものはありません。

多様なニーズを持っているみなさまに、多様な対応を行い、画一性から脱却してオリジナリティを持ってもらうことがカップルの自己表現と満足につながります。

カップルがご来館なさると、まず専任のウェディングプランナーが担当となります。そしてお二人にどんなパーティーにしたいかをお聞きして、さまざまなプランを提案していきます。

多くのカップルは最初にいらした時、漠然とした希望はあっても、細かいところを具体的にどうしたいというところまでのイメージは持っていらっしゃらないことが多いのが現状です。

そこで私たちは、カップルの出身地、生いたちなどを伺い、テーマを決めるきっかけを作ることで具体的なイメージが浮かぶようサポートしています。

そうしてお話を続けていくうちに「ああしたい。こうもしたい」という具体的な希望がどんどん湧き出てきます。それらを丁寧に拾い上げて、お二人が心から満足できるオリジナリティあふれるホームウェディングを作り上げてきました。従って、ニーズを的確に掌握するにはウェディングプランナーの役割が重要なのです。

その一例をいくつかご紹介しましょう。1階フロアに大きな木を配して森のような雰囲気にし、その木を輪にゲスト全員がフォークダンスを踊って盛り上がったことがありました。

また、最近ではNY（ニューヨーク）在住のカップルでしたが、乾杯のあとすぐに新婦とご友人のピアノ&フルートの演奏があり、二曲目は新婦が新郎の大好きな曲をサプライズで演奏、三曲目は新婦のお母様のピアノ伴奏で、新婦と新婦のお父様がゲストに向けて歌を披露しました。それを見ているゲストのなかには涙ぐんでいる方がたくさんいらっしゃいました。

ウェディングビジネスを通じての社会貢献

結婚式では、何より主催するカップルは、決して見栄を張りすぎたり無理をせず、自分たちができる範囲でやりたいことをやる。そして列席される方も気楽に参加していただける、ということが基本です。一般的な結婚式にかかる費用の平均額は、約350万円という統計結果があります。実際にはお招きした方々からのご祝儀がありますので、結婚式を挙げたカップルの実質の負担額はもっと少なくなりますが、それでもけっこうな出費なのは間違いないでしょう。

最近の傾向では、高額な結婚式を挙げるカップルが増えている一方で、少ない費用で結婚式を行うカップルも少なくありません。そういった意味では、結婚式も二極分化しているのかもしれません。

でも、私は、あまりお金をかけられなくても、カップルが自分たちらしく、身の丈にあった結婚式を挙げることがもっとも大切だと思っています。結局、二人自身の自己表現を遠慮なくすべきなのです。

日本で結婚式を挙げる方の平均年齢層は、新郎は30代、新婦は30歳未満がいちばん多いようです。ご存知のように、日本人の平均結婚年齢はどんどん上がっており、女性は28〜29歳、男性は31歳くらいとなっています。最近ではとても歳の離れたカップルもいらっしゃいますが、やはり30代のカップルがいちばん多いですね。

現在、私どもでホームウェディングを行うカップルのうち、すでに入籍を済まされた割合は全体の8割を超えています。そうなると、お腹のなかに赤ちゃんがいる方もいれば、お子さんがすでに誕生しているという方もいらっしゃいます。

時期的なことでは、かつては2月、8月にウエディングを行うカップルは少なかったのですが、現在では、そういったことはあまりありません。逆に閑散期だからお値段が安くなるとか、夏休みだと長期の休みが取れて利用しやすいなどという理由から、かえってそういった時期にお式を挙げるカップルが増えています。それでも、やはり年間を通じて見ると、5月、11月がもっとも利用される方が多いのが現状です。

社会の一般的な傾向もこれまで述べたように変化していますが、この変化は今後とも激しくなると思います。

世界中でグローバル化は止まることがなく、さらに進展していきます。2020年に東京オリンピックとパラリンピックを迎えますが、日本の社会が真の意味でグローバル化するためには、もっとオープンでフレキシブル、多様なウェディングを提供することこそが、私にとっても社会貢献であると思っています。

国際的なコモンセンスが要求されています。それにどう応えられるかが、日本のウェディング業界の発展を左右します。

私は若いころにアメリカでホームステイをしましたが、その体験や経験、知識がホームウェディングをはじめたことに影響しています。アメリカでの生活を通じてグローバルな視点が開かれ、その後の人生やビジネスにおいて恩恵を受けています。そのご恩返しといっては生意気かもしれませんが、日本の若者や社会に少しでも貢献したいと強く思っています。

日本国内でウェディング業界がガラパゴス状態で満足していると、世界のサービス産業の水準から取り残されてしまいます。私の体験、経験、知識をもって、何らかの形でこのような変化に若い人たちが対応できるように協力したいと願っています。特にＬＧＢＴ婚が日本で社会的に受け入れられるよう、協力を惜しみません。

そして、私のもう一つの重要な使命は、日本のウェディング業界の人材育成であると思っています。ウェディング業界が生き残るためには、よい人材を育成して新しいサービスを創造する土壌を作ることが重要です。私の経験が少しでも若い人たちに継承できれば、こんなにうれしいことはありません。その意味で「ウェディングスビューティフル」という教育システムを導入しましたが、アメリカからの単なる直輸入ではなく、和魂洋才で本質を考えながら日本化したものです。

アメリカのウェディングプランナー養成講座も開講

ホームウェディングを行う傍ら、オーダーメイド的なホームウェディングを定着させるべく、私は2000年にアメリカのウェディングプランナー資格認定機関WBW（Weddings Beautiful Worldwide）の日本支部を設立。同年に日本でWBWの通信教育講座「ウェディングスビューティフル（WB・通信教育）」をはじめ、国際的なウェディングプランナーの育成に力を注いでまいりました。この認定資格は約50年前にアメリカではじまったもので、長い歴史のあるものです。

1990年代からすでに日本でもウェディングプランナーという職業があり、私どもでも育成事業を行っていました。ところが、当時のウェディングプランナー養成のカリキュラムは、まだまだ手探り状態で作り上げたもので、体系的に十分に整えられてはいませんでした。

そんな折、アメリカでは古い歴史を有するウェディングプランナーの養成講座があると教えてくださる方があり、さっそくその教材等を取り寄せ、その中身の検討をはじめたのです。

もともと、ウェディングプランナーという職業は、アメリカが発祥の地といわれています。そこで本場のプランナーたちが、どういった教育を受けているのかとても興味を持ちました。

アメリカと日本では結婚観に大きな差があり、結婚式のスタイルや方法が大きく異なるので、あまり参考にならないという意見もたしかにありました。でも、実際にテキストを読んで見ると、参考になる箇所が数多くありました。アメリカは日本と比較してシステム化や体系化の面において大変優れています。

アメリカと日本が決定的に異なる点は、日本ではウェディングプランナーはほとんどの場合、結婚式場やホテルなどの社員ですが、アメリカではほぼフリーランスで仕事をしています。

ですから、アメリカのウェディングプランナーは、カップルから結婚式の依頼を受けると、会場の選定をはじめすべての段取りを決めていく必要があります。彼・彼女たちは、結婚式を行うにあたり、すべての手順、それに伴うあらゆる交渉、各スタッフの人選などを予算やスケジュール内ですべて段取りよく決めて、きちんと実行しなければなりません。

ＷＢＷの資格認定講座では、その具体的な方法論や背景にある欧米流の考え方といったものまで、すべてを体系的に効率よく学べる仕組みになっていました。それまで日本で行われてきた養成講座プログラムとはひと味もふた味も異なった、内容の濃いものであり、より実践的な内容となっており、そこにとても興味を持ったのです。

LGBTの人々への対応ができるウェディングプランナーの養成に向けて

十分に検討を重ねた結果、WBWの資格認定講座を導入することに決めましたが、当然のことながら、アメリカの教材をそのまま使うには無理がありました。日米では結婚式に対する感情や考え方、さらにはその根底となる文化の違いがあるからです。そこでアメリカの教材を元にしながら、日本の婚礼文化も加味・融合させ、加筆訂正の許可を得て、現在のオリジナル教材が完成しました。和魂洋才として、ある意味ではアメリカ本部の教材より優れている点も多いと自負しています。

現在、WBWは日本のほかに世界各地に支部がありますが、私ども日本支部がいちばん活発な活動・展開を行っていると聞いています。後にWBのハワイの権利も保有することになりました。

WBWを導入するにあたって、何より基本的な結婚式に対する姿勢——結婚式はかしこまった儀式ではなく、新郎新婦をはじめ列席者全員が祝福し楽しめるものという、私がこれまで考え実践してきた基本のスタイル・考え方とまったく同じであったことがいちばんの決め手であったと思います。

これまでのウェディングプランナー養成のための教材では、主にさまざまな状況に対するハウ・トゥーやノウハウだけを教えるというスタイルがほとんどでした。しかし、結婚式のさまざまなシーンで、自分ならどう考えカップルの希望を最大限、実現させるかといった、受講生自ら考えて行動することを促すものはあまりありませんでした。でも、本プログラムではそういったこともとても重要視している点にも大いに惹かれました。

現在は、ウェディング教育を行っている全国の専門学校や大学、企業で教材として取り入れていただいています。本講座は、通常1週間に1コマないしは2コマで、半年から1年間で修了できるカリキュラムとなっています。また、私どものベテラン・ウェディングプランナーが講師として実際に講義や講演を行うこともよくあります。

本書のプロローグで、今後、ウェディング業界ではＬＧＢＴの人々の結婚式に本格的に取り組まなければならない、と書きました。

そうなると、ＬＧＢＴの人々への対応の最前線に立つのがウェディングプランナー

WBWのテキスト、および
ディプロマ（認定証）

となります。ＬＧＢＴの人々が安心して自分たちが望む結婚式を挙げられるためには、ウェディングプランナーが果たさなければならないことは今以上に多くなります。

そのためにはＬＧＢＴの人々のことを十分に理解するためのさまざまな知識が必要です。

今後、ウェディングプランナー養成の場で、具体的にどのようなカリキュラムを組み、実践していくかを検討しており、それを一刻も早く取り入れるべくさまざまな作業を現在、進めています。

WBW認定記念のワンショット

Column アメリカの最新トレンド

① LGBT婚の衣裳選び

ストレート（異性）婚であれLGBT婚であれ、結婚式を挙げるカップルたちが、いちばん頭を悩ませることの一つが、式当日にどのような衣裳を身に着けるかということですね。アメリカのLGBT婚の最新のトレンドを、結婚式を挙げたいカップルたちに人気のポータルサイト「the Knot」の記事から垣間見てみましょう。

結論からいえば決まりはありません。自分たちの特別な日にふさわしいこと、そして二人のバランスは考えるべきですが、それ以外は自由に選択できます。

たとえば女性同士のカップルでしたら、デザインの異なるウェディングドレスとベールを身にまとうのもよいですし、一人は女性用にデザインされたタキシード（TUXEDAS）を着る人もいます。

一方、男性同士のカップルでは、伝統的なフォーマルウェアをお揃いで着用したり、この日のために素敵なトレンディスーツを新調することもあるようです。

要は、いかに自分たちらしさを衣裳で表現するかが大切なので、小物（アクセサリー、ブーケ、カフリンクスやベスト、ネクタイ、靴など）でより個性的にし、トータルコーディネートに気を遣うカップルが多いようです。

chapter2

LGBTの社会的認知度と その権利意識の高まり

〝LGBT〟を正しく理解する

まずは最近、新聞やテレビでも目にする機会が増えた〝LGBT〟という言葉についての説明をしていきましょう。

LGBTとは、レズビアン（Lesbian：女性同性愛者）、ゲイ（Gay：男性同性愛者）、バイセクシャル（Bisexual：両性愛者）、トランスジェンダー（Transgender：性別異和、生まれた時の性とは異なる性で生きる人）の頭文字を取ったものです。つまり、セクシャル・マイノリティ（性的少数者）を表す言葉です。また、そういった人々を肯定的にとらえようとする考えも含んだ言葉でもあります。

人間の「性のあり方」（セクシュアリティ：Sexuality）には、もともと生まれ持った「からだの性」、と自分自身の性をどう認識しているかという「心の性」、さらには自分が恋愛や性的な対象とする「好きになる性」とに分けることができます。

私たちの大部分は、「からだの性」と「心の性」が一致しており、「好きになる性」は異性を対象としています。しかし、LGBTの人々は「からだの性」と「こころの性」が一致しない場合もあり、「好きになる性」も同性であったり異性であったりします。

この三つの「性」をもとに人間のセクシュアリティを細かく分類したのが、56ページの図です。見てわかるようになんと12にも分類できるのです。

次ページの図で、2と10の人は異性を好きになる、いわゆるストレートです。一方、1と7のゲイや5と11のレズビアン、さらにはたとえば3だとバイセクシャルや、4や8のトランスジェンダーなど細かく分かれています。

ＬＧＢＴのなかでゲイやレズビアンの人々が自分の心の性と同じ性を恋愛対象とすることを、私たちの大部分は知っていることでしょう。でも、バイセクシャルやトランスジェンダーといった人たちに対する理解度は、まだまだ低いのではないでしょうか。

バイセクシャルとは、「からだの性」に縛られず、異性を好きになることも同性を好きになることもある人々を、トランスジェンダーとは、「からだの性」と「心の性」が一致しない人々を指します。具体的には、たとえば男性として生まれたけれど、自分が男性であることに違和感を持ち、女性として生きることのほうが楽で自分らしいと感じる人たちです。

「からだの性」と「心の性」が一致しないことから、性同一性障害という言葉を思い浮かべる人もいるかもしれません。しかし、厳密な意味ではトランスジェンダー＝性

セクシャリティマップ

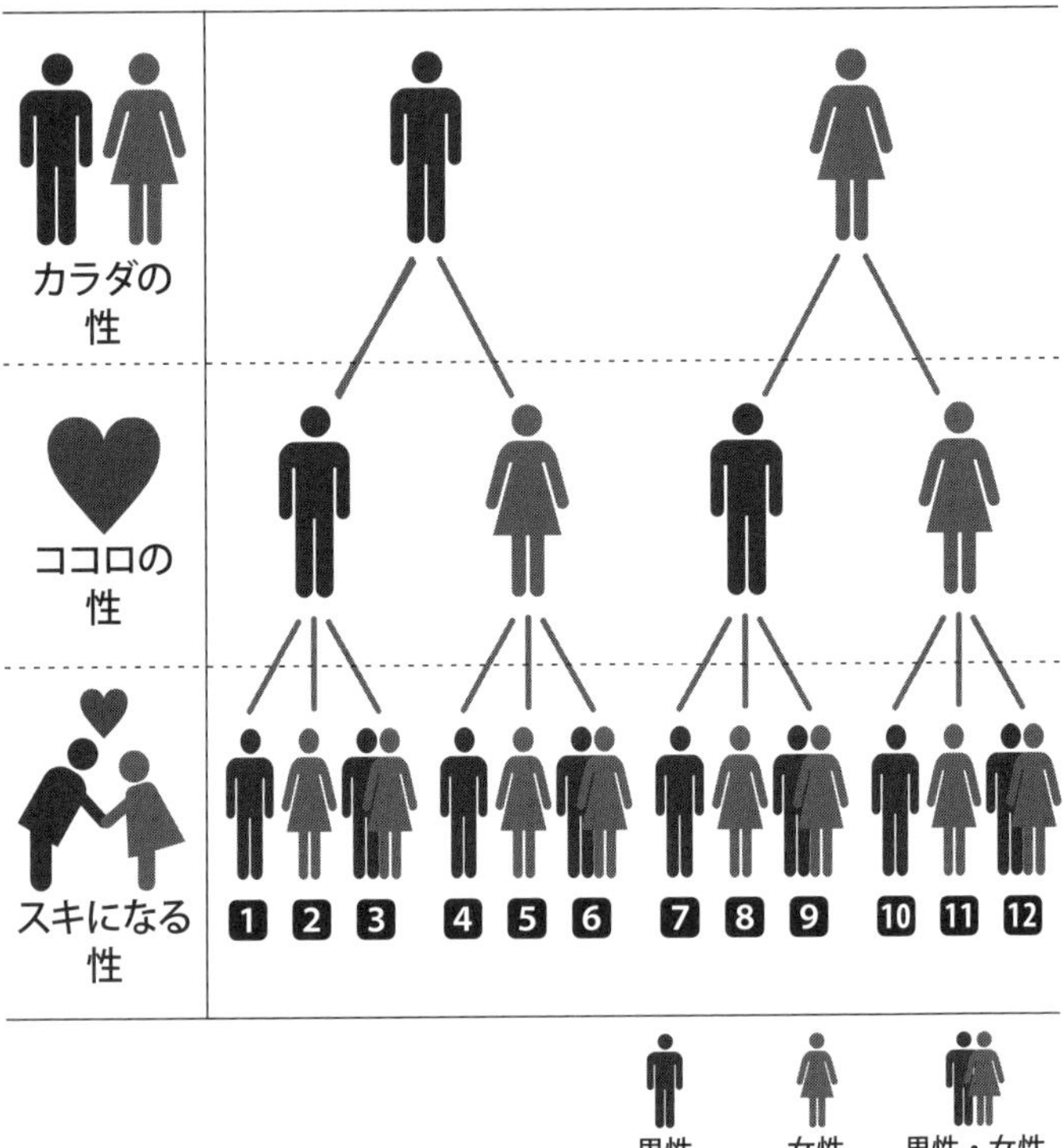

カラダの性：生物学的性（出生時の戸籍）

ココロの性：性自認

スキになる性：性的指向

出典：電通ダイバーシティ・ラボ制作
「セクシュアリティマップ」

同一障害ではないというのが医学的な見方のようです。

一方で、トランスジェンダーの人々の場合、すべての人が性別適合手術を望んでいるわけではなく、「からだの性」を受け入れたまま、「心の性」にしたがって日常生活を送りたいと考える人もたくさんいます。トランスジェンダーのなかには「自分は障害者ではない」と主張している人もいます。

しかし、実際にはここで紹介した12の「性」だけでは分類できないという見方もあります。

日本の総人口の約7・6%がLGBTであるという事実

では、日本の総人口に占めるLGBTの人々の割合はどのくらいなのでしょう。ある調査によると、総人口の約7・6%と算出しています（電通ダイバーシティ・ラボ「LGBT調査2015」）。現在、日本の総人口は約1億2616万人（2015年7月）ですので、そのうちの約959万人がLGBTの人々だと推測されます。都道府県別でもっとも人口が多い東京都の人口は約1288万人、第2位の神奈川県が約895万人ですので、けっこう多いと思われるかもしれません。

最近では、小学校や中学校でＬＧＢＴの人々への理解を深める教育を行うところも増えつつあると聞いています。その際、教師が子どもたちに、クラスが40名学級だったら、そのうちの三人くらいはＬＧＢＴの人がいることになると説明しているそうです。

全人口からすると少数ではありますが、私たちの周りに確実にいるＬＧＢＴの人々は、自分がセクシャル・マイノリティではないのか……と自覚して以降、大きな悩みや不安を抱きながら生きてきたことでしょう。ある調査によると、ＬＧＢＴの人々の約７割が、小さいころ、学校でいじめにあったことがあり、約３割は自殺を考えたことがあると回答しています。

ＬＧＢＴの人々が抱える深い悩みや恐れ

日本の社会では、まだまだＬＧＢＴの人々が社会生活を送るのに、さまざまな不利益をこうむっているといえます。その根底には社会全体でＬＧＢＴの人々やカップルに対する偏見や無理解が、今でも大きくあることは間違いありません。

２０１５年、文部科学省がＬＧＢＴをめぐる意識調査を実施しました。そのなかで、同性同士の結婚（同性婚）の法制化を認めるかどうかを聞いたところ、全体で賛成・やや賛成が51・1％、反対・やや反対が41・3％という結果が出ました。

　男女別の回答では、男性の50％が反対（賛成44・8％）、女性の56・7％が賛成（反対33・8％）でした。一方、年代別で賛成・やや賛成とする人の割合は、20代では71・6％、30代では72・6％と圧倒的に支持するという意見が多いのに対し、60代では37・9％、70代では24・2％と年齢が上がるにつれて同性婚に対して難色を示す層が増えるという結果が出ています。

　一方、NHKが2015年にLGBTの人々への意識調査をした結果を見ますと、やはり自分がLGBTであることをカミングアウトすることがもっとも大きな壁であることがわかります。なかでも、職場や学校でカミングアウトすることで、周りから特異な目で見られることへの恐怖心、さらには両親や兄弟に対してカミングアウトすることで自分自身を否定されるのでは、という猜疑心などを抱えているLGBTの人々はとても多いのが現状です。

「職場でLGBTであることを話したら、その後差別され、結局、会社を辞めることになった」「LGBTであることを親に話し、同性のパートナーを紹介したいと告げたら『縁を切る』といわれ、とてもショックを受けた」という悲しいコメントもあります。

渋谷区ではじまったＬＧＢＴのカップル向けの証明書発行

ＬＧＢＴの人々に対する社会全体の認知度は、世界各国で相当の温度差があります。その現状については後でも説明しますが、日本はいわゆる先進国のなかでは正直、遅れているというのが現状です。でも、ここにきて、日本でもＬＧＢＴの人々のさまざまな権利向上を目指そうとする動きが、少しずつですが出てきています。

２０１５年４月、全国の地方自治体に先駆けて、東京都渋谷区では「渋谷区男女平等及び多様性を尊重する社会を推進する条例」の施行を開始し、区内在住の20歳以上の同性カップルで、届け出を行った人々に「パートナーシップ証明書」の発行をはじめることが新聞やテレビで大々的に報道されました。そして、同年11月に初めて、女性同士のカップルに証明書が発行されました。その後、２０１６年８月までに合計で９組のＬＧＢＴカップルに証明書が交付され、パートナーとして公認されました。

当然のことながら、日本の法律で結婚を認められるのは男女のカップルのみで、婚姻届を出すことでカップルは家族となります。同性カップルの場合、法律の適応外となり、同居していても家族であるとみなされません。

そうなるとカップルが同居して生活を送っていくうえで、さまざまな支障や不利益をこうむってしまうのが現実です。たとえば、パートナーが病気やケガで入院した場合、家族ではないので病状の詳しい説明が受けられないとか、面会できないということが起こります。また、賃貸の部屋を借りようとする際、同性カップルなので断られるということもあります。

でも、この「パートナーシップ証明書」があれば、法的な拘束力はありませんが、渋谷区内の各種事業所で同性カップルが「家族として認められない」という理由からさまざまな不利益をこうむった場合、渋谷区が是正勧告をしたうえで、該当する事業所名を公表できるようになっています。つまり、差別をした会社や業者にある意味、ペナルティを課しますよ、という意味合いを含んでいます。

では、この証明書を取得するのはどうすればよいのでしょうか。

渋谷区によると、この証明書の発行に際しては、互いを後見人とする「任意後見契約書」と、共同生活を送るうえで必要な費用の分担義務を負うことを明記した「合意契約」の2通の公正証書が必要となります。なお、後見人になるのが難しいカップルなどには、特例として合意契約の公正証書だけで証明書を発行するとしています。

今回、渋谷区がはじめた「パートナーシップ証明書」の発行は、全国の自治体に先駆けて実施された画期的な試みです。しかし、一方で2種類の公正証書を作成するのに手数料や印紙代など合計で約3万～8万円前後の費用がかかること、また、異性間カップルが婚姻届を出す際、公正証書の提出は求められないので、「納得できない」と主張するLGBTの人々もいるようです。

各地の地方自治体でも同様の動きが……

また、渋谷区に続き、お隣の世田谷区でも同性カップルがパートナーシップの宣誓書を提出すれば、区役所がそれを保管していることを示す「受領書」を交付するサービスをはじめています。渋谷区ほど同性パートナーの利益を守るものではありませんが、この「受領書」をカップルが世田谷区内の各事業所に見せることで、事業所側の配慮が生まれることを期待できるとしています。2015年11月からこのサービスがはじまっており、2016年8月までに合計で33組のLGBTのカップルに受領書が交付されています。なお、渋谷区では手続きをするのに費用がかかりますが、世田谷区では無料で受領書が交付されます。

さらに、この二つの地方自治体に続いて、兵庫県宝塚市や沖縄県那覇市、三重県伊賀市でも、世田谷区と同じようなサービスを開始することが決まっています。ほかにも、自治体レベルで行政的に配慮する取り組みもあります。なかでも大阪市淀川区は2013年に、「同性愛や性的少数者に配慮した行政を目指す」という「LGBT宣言」を出しています。

横浜市では、「FriendSHIPよこはま」を開設し、性的少数者の方同士が情報収集や交流が出来る場を提供（その家族や教員も利用可能）。また、臨床心理士による個別専門相談ができます。千葉市では2017年から自治体として初めて、LGBTの職員に「結婚休暇」などを導入する予定です。

国会議員もLGBTの人々の権利を守るために立ち上がった

渋谷区の「パートナーシップ証明書」の発行を受けて、国会議員の間でも超党派のLGBT議員連盟が立ち上がり、2016年1月の総会では、LGBTの人々への差別をなくすための法律の制定に向けて、立法検討ワーキングチームが設置されました。同チームでは、今後、法案の早期提出を目指す予定としています。

ＬＧＢＴ議員連盟は自民党をはじめ公明党、民進党、共産党、社民党の国会議員、約50名が会員となっており、会長は馳 浩氏が就任しています。

ところが、馳氏はある取材に対し、渋谷区の条例は憲法に明確に反すると答えていますが、呼びかけ人の一人である民進党の細野豪志氏は渋谷区の条例は憲法に抵触するとは考えていないと述べるなど、議員間で意見の対立があるようです。

同議連では「多様性のある社会の実現が狙い」としており、第1回目の会合では、「性的指向または性自認を理由とする差別解消」に向けて、政府が基本方針を作り、国や地方自治体、さらには国民の責任義務を規定する方向で検討がはじまりました。

具体案として、各企業が雇用をする際や各学校などでＬＧＢＴの人々への差別をなくすために必要な措置を取ること、各行政機関や企業内で働いているＬＧＢＴの人々への差別的な処遇を禁じ、彼ら（彼女ら）を理解するための研修を開くことなど、さまざまな案件が議論されました。

オリンピック・パラリンピックとLGBT

このように各地方自治体や国がＬＧＢＴの人々へのサポートを表明しはじめたな

か、一般企業でも社員に向けてＬＧＢＴ対応をはじめるところも出てきています。

というのも、ＩＯＣ（国際オリンピック委員会）が定める五輪憲章が２０１４年に改定されて、新たに「性的指向による差別禁止」が盛り込まれたからです。

かつて、２０１２年に開催されたロンドン・オリンピックでは、国をあげてＬＧＢＴ支援の姿勢を積極的に打ち出しました。

たとえば、開会式でＬＧＢＴのアーティストを多数招いたり、選手村のトイレや宿泊施設を作る際、ＬＧＢＴの選手たちへの配慮を行いました。その結果、ロンドン・オリンピックは、国際的に高い評価を得ました。

きたる東京オリンピック・パラリンピックでも、開催をきっかけに日本社会全体でＬＧＢＴの人々への支援を積極的に取り組み、ロンドンと同じような評価を得たいという思惑が、政府や日本オリンピック委員会にあることは間違いないでしょう。

ＬＧＢＴの差別撤廃に対してオリンピック・パラリンピックが非常に影響していることは一般に余りわからないかも知れません。しかし、重要なので説明します。

ＩＯＣが２０１４年12月にオリンピック憲章での差別禁止項目に「性的指向」を加え、今回のリオ・オリンピックで最初に新憲章が適用されました。

その結果として、リオ・オリンピックでＬＧＢＴウェディングやＬＧＢＴのカミングアウトが数多く発生し、リオ・オリンピックは別の視点から高い評価を受けています。ある人権団体の調査よれば、ロンドン・オリンピックに参加したＬＧＢＴの選手は23人で、リオ・オリンピックは41人に増えているそうです。

日本としても、２０２０年東京オリンピック・パラリンピックを開催するにあたってＬＧＢＴに対する差別は解消しなければなりません。このような背景からも日本は真剣にＬＧＢＴの差別撤廃に取り組み、世界中からアスリートや観客のみなさんを迎えることが必要です。

日本の大企業もＬＧＢＴの対応を開始

なかでも、ＬＧＢＴ対応を先駆けて進めてきた企業が日本ＩＢＭです。

同社では同性パートナー登録制度をすでに設けており、ＬＧＢＴである社員が会社に事前登録をすれば、特別有給休暇や慶弔見舞い、赴任旅費などが支給されます。この制度によりＬＧＢＴのカップルは男女間のカップルとほぼ同じ待遇を受けられることになっています。

大手アパレルメーカーのレナウンでも、自治体が発行したパートナーシップ証明書を提出すれば、ＬＧＢＴの社員で同性パートナーがいる場合、原則、配偶者と同等に扱うことを決めています。

業界別に各企業によるＬＧＢＴの顧客たちに向けたサービスの実施状況を見ると、生命保険業界が、いち早くサービスを開始しています。

まず、渋谷区内に本社をかまえるアスモ小額短期保険が２０１５年４月に同性カップルに向け、同性パートナーが死亡した際に保険金を受け取れる保険の発売に乗り出しました。ライフネット生命保険でも同年11月の申し込み分の生命保険から、また大手のアクサ生命保険も生命保険の受取人に関する内規を見直し、同性パートナーも認めることを表明しました。

ほかにも、同年11月には第一生命保険が、渋谷区が発行する「パートナーシップ証明書」を提出すれば、同性パートナーが保険金の受取人になることができるようにすると発表しました。生命保険会社最大手の日本生命保険でも同様の措置をとることをすでに表明しています。なお、郵便局で扱うかんぽ生命では、以前から同性パートナーを保険金の受取人に指定することができるようになっています（上限１千万円）。ただし、保険金を同性パートナーが受け取る際、現状の法律では法定相続人とは認められていないため、基礎控除を受けることができず相続税が課せられます。

このように、各業界のなかで保険業界の各社がいち早くＬＧＢＴの人々への対応に応じたことは、高く評価できると思います。

他の業界では、携帯電話大手三社（ソフトバンク、ＮＴＴドコモ、ａｕ）のうちａｕが同居する同性カップルに「家族割」の適用をはじめました。ほかの2社はすでに家族割の条件を同居としており、事実上、同性カップルも対象となっていました。今回のａｕの対応は、渋谷区の条例が決まって後、数か月後のことで、素早い対応が注目されました。

外国人宿泊客の約１割がＬＧＢＴの人々というホテル

ＪＲ京都駅に直結しているＪＲ西日本グループのホテルグランヴィア京都では、現在、諸外国からの宿泊客の約１割がＬＧＢＴの人々だそうです。どうしてこんなにも多くのＬＧＢＴの人々がこのホテルに宿泊しているかというと、同ホテルでは２００６年に日本のホテルとしては初めて、「ＩＧＬＴＡ」（International Gay and Lesbian Travel Association、国際ゲイ・レズビアン旅行協会）に加盟し、世界各国からのＬＧＢＴ宿泊客を積極的に受け入れているからです。

日本での知名度はまだあまりありませんが、ＩＧＬＴＡは世界最大のＬＧＢＴ向けの旅行団体で、全世界で２千以上のホテルや航空会社、旅行代理店が加入している組織で、欧米では多くの大手企業が参加しています。

現在、日本ではホテルを中心に20以上の企業が加盟しています。ちなみに同ホテルでは２０１４年から、京都市内にある禅寺・春光院と提携し、ＬＧＢＴカップルのための仏前結婚式プランを売り出しています。同プランでは、春光院での「伝統的な仏前結婚式」に加えて、ジュニアスイート３泊朝食つきで値段は２名で77万円となっています。同プランには、結婚式の夜の「日本の伝統的婚礼料理」や和装の婚礼貸衣装、ウェディングブーケ、お寺へのリムジン送迎サービスなども含まれています。

２０１５年の１月から10月までの間に、８組のカップルが仏前結婚式を挙げ、そのうちの６組が中国をはじめとする海外のカップル、残り２組が日本人で、男女各１組ずつの同性カップルだったそうです。

ＬＧＢＴに対する基本方針を定める企業も増加傾向に

東洋経済新報社では、毎年、各企業の「社会的責任がどの程度、達成されているか」を調査する『CSR企業総覧』と呼ばれるデータ集を発行しています。最新版の2016年版には、国内の上場企業1325社から集めたさまざまなデータが網羅されています。

このなかで、「LGBTに対する基本方針（権利の尊重や差別の禁止など）の有無」についてのアンケート結果が掲載されています。それを見ると、回答した839社のうち、「あり」と答えた企業は173社（20・6％）、「なし」と答えた企業は563社（67・1％）、作成予定と答えた企業は33社（3・9％）という結果が出ています。

同社によると、「あり」と答えた企業数は、2014年が114社、2015年が146社で、年々、確実に増加していることがわかります。「あり」と答えた企業名も公表されており、前述した日本IBMのほかに、各業種のトップ企業が数多く名前を連ねています。たとえば、建設業では大林組や清水建設、住友林業など、また、電気機器業では東芝、日立製作所、ソニーなど、自動車メーカーでは、マツダやホンダ、スズキなど誰もが知っている企業が目白押しとなっています。

また、2015年版では、「LGBTに関する何らかの取り組みを行っている」と答えた企業98社の取り組み内容を掲載しています。それの一例をあげると、前出の大林組では、「年に50回程度、社内研修でLGBTに関する知識を深める講義を実施」、さらに野村ホールディングスでは、「ＬＧＢＴを理解・支援する『アライになろう！』をテーマとしたイベントを実施」とあります。

今後、「あり」と答える企業が現在の約20％から過半数を超え70～80％くらいにならないと、日本の各企業でのＬＧＢＴ対応が本格的に行われているとはいえませんが、先にも書きました東京オリンピック・パラリンピックの開催が強力な後押しとなることは間違いなく、ここ数年のうちに、日本でも一気にＬＧＢＴの人々への対応を何らかの形で行う企業は増えていくことが予想できます。

アメリカ企業の約９割がＬＧＢＴの社員への差別を禁止

では、アメリカの各企業ではＬＧＢＴの社員たちの環境について、どのような取り組みを行っているのでしょう。アメリカにあるＬＧＢＴの支援団体『ヒューマン・ライツ・キャンペーン財団』（ＨＲＣ）では、毎年、アメリカ国内の各企業で働くＬＧＢＴの人々がどれくらい働きやすいか、また彼らの権利がどれだけ認められているかを、「企業平等指数」（ＣＥＩ）という数字で数値化し発表しています。

具体的には、各企業のＬＧＢＴの人々への対応について、「医療保険などの福利厚生の整備」、「差別撤廃の社内規定」といったさまざまな項目を設け、それらを100点満点で評価しているのです。

2015年に発表された結果を見ると、「フォーチュン500」（アメリカのフォーチュン誌が選んだ、全米での総収入上位500社）選出企業のうち、89％の企業がLGBTの社員たちへの差別を禁ずるという社内規定を設けています。先に説明した日本の現状とは雲泥の差があることが、この数字からもわかります。

また、66％の企業が社員の同性パートナーに対し医療保険を提供し、34％の企業がトランスジェンダーである社員に対して、性別適合手術を含む医療保険を提供しているという結果も出ています。

同年の結果で満点を獲得した企業には、金融大手のJPモルガン・チェースやITのフェイスブックなど有名企業が数多く名前を連ねています。これらアメリカの企業では、その規模を問わずLGBTの人々の権利拡大に大きな力を入れていることがわかります。

こういったトレンドの背景には、いずれの企業でも優秀な人材の確保をしたいという思惑があるからといわれています。そのあたりについて「社内で、どんな差別であれ、それを放置すれば優秀な人材を確保できなくなると、アメリカのほとんどの企業は考えているからだ」と分析する経済学者もいます。

EU加盟国の多くがLGBT婚を合法化

ここまで、日本の各自治体や企業が2015年からLGBTの人々の権利を守るためにさまざまな取り組みをはじめたことを説明してきましたが、欧米各国の状況と比べると、まだとても遅れているとしかいいようがないのも事実です。

では、世界で初めて同性婚を含むLGBT婚を合法化した国はどこだと思いますか？ それはオランダで2001年のこと。なんと今から15年も前のことでした。その後、隣国のベルギーでも翌年、合法化され、ベネルクス三国のうち残りのルクセンブルクでも、同性パートナーを公的に登録する制度がはじまりました。ルクセンブルクでは2014年にLGBT婚が合法化され、翌2015年にはなんと現首相のグザヴィエ・ベッテル氏が同性婚を行い、そのニュースは世界中を駆けめぐりました。今回のベッテル氏の同性婚は、EU加盟国の現役首相では初めてのことでした。

こういった動きの背景には、EU加盟各国では、加盟する各国間の条約でLGBT

カップルに対する差別を禁止することが盛り込まれたことがあげられます。現在ＥＵ加盟国は全部で28ありますが、そのうちの11か国で同性婚は合法化されています。また、ドイツをはじめ計９か国が同性婚に準じる「登録パートナーシップ制度」を導入しています。

これらの国々ではＬＧＢＴカップルのパートナー間での相続権や社会保障に関する権利、さらには税制上の優遇措置などについて、異性間の婚姻と同じ権利が与えられています。さらには、ＬＧＢＴカップルが養子を望む場合、それも認めている国も数多くあります。

オランダでは、友だちに結婚したことを伝えた場合、「パートナーは男性？　女性？」と聞くのがごく普通の会話だそうです。

イギリスでは２０１４年にイングランドとウェールズで同性婚が合法化され、合法化後15か月間で１万５千組以上ものＬＧＢＴのカップルが結婚した、と報道されています。

フランスでも２０１３年５月にＬＧＢＴ婚を合法化しましたが、同年末までの約半年間で約７千組のＬＧＢＴカップルが結婚しました。なお、フランスでは同年の１年間に結婚したカップルの総数は約23万８千組だったので、全体の約３％がＬＧＢＴのカップルということになります。ＬＧＢＴ婚を挙げたカップルの内訳を見ると、約６割が男性同士。ＬＧＢＴカップルの平均結婚年齢は、男性カップルが約50歳、女性カップルが約43歳だったという統計結果が出ています（いずれも『フランス国立統計経済研究所（INSEE）』調べ）。

しかし、同じヨーロッパでも東ヨーロッパの国々では、多くの国で同性婚や同性によるパートナーシップ制度を有する国がほとんどないのが現状です。なかでもロシアでは２０１３年に未成年に対して公の場で自らが同性愛者であることを示す行為を禁止する「同性愛宣伝禁止法」を制定しました。

このロシア政府の政策に対し欧米各国は次々に非難声明を出し、ついに２０１４年にロシアで開催されたソチ冬季オリンピックでは、アメリカのオバマ大統領やフランスのオランド大統領といった欧米の首脳の多くが開会式を欠席しました。

こういったヨーロッパ各国の状況を見ると、ヨーロッパ各国ではＬＧＢＴの人たちに対する差別や偏見はあまりないように思えます。でも、２０１２年にＥＵが加盟各国ごとに、ＬＧＢＴの人々に「過去１年間で差別や侮辱を受けたことがありますか」というアンケートを取ったところ、「はい」と答えたパーセンテージがもっとも低かったのがオランダで30％、逆にいちばん高かったのがラトビアで61％、全体の平均は

47%という結果が出ています。この数字を見ると、EU加盟国でも、今も差別を感じるLGBTの人々は多いことがわかります。

LGBT解放運動はゲイの人々によってはじまった

本書のプロローグで、2015年にアメリカの連邦最高裁判所が同性婚を認めていなかった13州のうちオハイオ、ミシガンなど全部で四つの州法を違憲と判断したことで、アメリカ全州でLGBT婚が合法化されたことを記しました。アメリカ全州のうち最初に同性婚を認めたのは、アメリカ北東部に位置するマサチューセッツ州で2004年のことでした。以降、11年経ってやっと全州でLGBT婚が認められたことになります。

アメリカのLGBTの人々のなかで、差別を受けてきた自分たちの権利を表立って主張しはじめたのは、ゲイの人々でした。ここからは少し、彼らの運動の経緯を垣間見てみましょう。

そもそも、アメリカでは長い間、同性愛は「ソドミー法」という法律により禁止されてきました。ゲイやレズビアンのカップルが警察官に発見されると、それだけで罰金刑などが課せられるといった状況でした。そのようななかで1969年、ニューヨークのグリニッジ・ビレッジに当時あったゲイバー〝ストーンウォール・イン〟に突然、警察が捜査のメスを入れたのです。

当時、警察によるゲイバーの摘発は珍しいことではありませんでしたが、店に集まっていたゲイたちは、突然の理不尽な警察の捜査に対し反撃を開始し、それは数日間続きました。

「ゲイである」ということだけで不当な差別を受けてきた同性愛者たちが、初めて立ち上がったこの事件は、アメリカでのゲイ解放運動の象徴となったのです。

そして、事件の翌年の1970年、ゲイの人々が中心となったパレードが、ニューヨークではじまります。

このパレードは後にロサンゼルスやシカゴ、サンフランシスコでもはじまり、東京やヨーロッパ各国で現在も続いています。東京では例年5月に代々木公園周辺でパレードやさまざまな催しが開催され、その様子をテレビや雑誌などを通じてご覧になった方も多いかもしれません（過去には「東京プライド・パレード」、現在は「東京レインボー・パレード」と呼ばれています）。

ゲイ解放運動のカリスマ、ハーヴェイ・ミルク氏の悲劇

その後、1977年、サンフランシスコ市会議員選挙で、米国で初めてオープンリー・ゲイ（同性愛を公表した人物）の立候補者が当選しました。ハーヴェイ・ミルク氏です。彼はニューヨーク州出身ですが、ゲイが多く暮らすサンフランシスコに移り住み、同性パートナーと暮らしていました。当時、ミルク氏はサンフランシスコのゲイ・コミュニティのリーダーとして、メディアなどでとても注目を浴びる存在だったのです。

2008年に公開された映画『ミルク』（ショーン・ペン主演、ガス・ヴァン・サント監督）は彼の晩年を描いたもので、第81回アカデミー賞では作品賞を含む8部門にノミネートされ、主演男優賞と脚本賞を見事に受賞しました。

映画でも描かれていますが、彼は突然の悲劇に見舞われてしまいます。市会議員に当選した翌1978年、元同僚議員によって、当時の市長とともに暗殺されてしまうのです。

ところが死後も、LGBTの権利運動家としてのミルク氏の評価は高く、1999

年にはTIME誌の「20世紀の100人の英雄」に選出され、2009年には「大統領自由勲章」を授与されたのです。この勲章は、「アメリカ合衆国の国益や安全、または世界平和の推進、文化活動、その他の公的・個人的活動に対して特別の賞賛に値する努力や貢献を行った個人」に与えられるもので、「議会名誉黄金勲章」と並んで、アメリカでも最高位の勲章といわれています。受賞者の顔ぶれを見ても、ジョン・F・ケネディをはじめ、ジョージ・ブッシュ元大統領や、ウォルト・ディズニーなど、アメリカ人なら誰もが知っている著名人が目白押しです。

アメリカ各地でLGBTの権利獲得運動が活発化

時代は下り1990年代に入ったアメリカ国内では、ゲイやレズビアンの活動家がさまざまな権利主張を行った結果、LGBTの人々の社会的権利は大いに認められるようになりました。しかし、一方で同性愛をかたくなに拒絶する人も数多くいました。

同性愛者に対して嫌悪感や拒絶感といった否定的な価値観や感情を抱く人たちは、LGBTの人々に暴力を振るったり、誹謗中傷するという行為を繰り返しました。また、アメリカ軍内部では、1993年に軍隊内で同性愛を禁じる法律を制定し、この法律は２０１１年まで続きました。

しかし１９９０年代後半ともなると、ＬＧＢＴに支持されてきた数多くのハリウッドスターや歌手といった著名人たちが、ＬＧＢＴの社会運動に積極的に賛同を表明するようになりました。なかでも、歌手で女優のシェールが１９９７年、『レズビアンとゲイの家族と友人の会』による国際会議に出席し、娘がレズビアンであることをカミングアウトしたことにまつわる経験談を語り、大きな反響を呼んだそうです。

２０００年代前後になると、アメリカではＬＧＢＴの人々に対する権利向上運動は各地で加速度的に進んでいきます。まず、２０００年にアメリカ北東部にあるバーモント州において、全米で初めて同性カップルの権利を認める「登録パートナーシップ法」が可決されました。そして２００４年にはマサチューセッツ州で初めて同性婚が合法と認められるに至ったのです。

カリフォルニア州でのLGBTのカップルたちの戦い

しかし、すべての州でＬＧＢＴの人々の権利拡大が進んだ訳ではありませんでした。カリフォルニア州では、２００８年5月にマサチューセッツ州に次いで２番目に同性婚を合法化しました。ところが、同年11月に、結婚を男女間に限定し同性婚を禁ずる規定を盛り込んだ「Proposition 8」(プロポジション・エイト)が同性婚に強く反対する州民から提出され、その後、住民投票の結果、可決されるに至りました。

この「プロポジション・エイト」が人権侵害であると二組のLGBTカップルがカリフォルニア州を相手取り、訴訟を起こしました。そして2013年6月、サンフランシスコ高等裁判所とアメリカ連邦最高裁判所で相次いで、「プロポジション8」が違憲であるという判決が下され、LGBTのカップルたちが結婚する権利を奪い返すことができたのです。

当時、この裁判の行方はアメリカ全土でも大変注目されていました。というのも、LGBTカップル側の弁護団に、かつてアメリカ大統領選を戦ったブッシュとゴアの両陣営の法律顧問を務め、激しく敵対した二人の弁護士が加わり、協力して裁判に挑んだからです。

二組のLGBTのカップル、そしてアメリカを代表する二人の弁護士が裁判を戦い抜く様子は、『ジェンダー・マリアージュ(原題:The Case Against 8)』(2013年公開、日本では2015年公開)というドキュメンタリー映画で、あますことなく描き出されています。

この作品はＬＧＢＴのカップルの日常と、自分たちの家族の存在と敵対する権力との戦いを見事に描いています。ＬＧＢＴに関心のある方には、必見の映画だと思います。わが社では、「ＬＧＢＴの人々への対応を学ぶための社内勉強会を開いていますが、スタッフ全員でこの映画を観てみなが深い感動を覚えました。

ＬＧＢＴの軍人が歴史上初めて米陸軍長官に指名された

そして、ついに２０１５年６月、アメリカ連邦最高裁判所で、判決の前日時点で、同性婚を認めていなかったオハイオ、ミシガン、ケンタッキー、テネシー各州の州法を違憲と判断する判決が下されました。合計９名の判事の判決は、違憲とした人が５名、合憲とした人が４名と僅差で違憲判決が出ました。

これを受けてオバマ大統領はツイッターで「今日の判決は結婚の平等に向けた歴史的な一歩」と述べ、同性カップルに対しても、異性カップルと同じ権利を保障するための早急な手続きを政府は行うことを表明しました。

しかし一方で、アメリカ国内の大手メディアは、この判決によってＬＧＢＴ婚を望む人たちの運命が一夜にして何もかもバラ色になった訳ではないと指摘しています。

というのも、たとえ合憲と認められても、キリスト教の教えや伝統的な価値観を重視する保守派には根強い反対意見があるからです。事実、アメリカの各州でＬＧＢＴ婚を認めるかどうかの世論調査を行った結果、70％以上が認める州もあれば、30％しか認めないところもあるからです。このあたりの現状については、次の章で詳しく説明していきます。

現在のアメリカでＬＧＢＴの人々の権利向上は、具体的にどのような形で実現されているのでしょうか。たとえば２０１４年、アメリカ西海岸の北部に位置するシアトル市の市長選で、ゲイであることを公表して立候補したエド・マレー氏が当選しました。マレー市長は市長就任後、ＬＧＢＴの人々が暮らしやすい街づくりに向けてさまざまな施策を講じています。たとえば市内の公衆トイレを、性別関係なく利用できる個室タイプのものを今後、増やすといった政策をとっています。

また、シアトル市警察には現在、ＬＧＢＴの問題を専門に扱う警察官が配備されています。担当の警察官も同性愛者で、ＬＧＢＴの人々が暴力事件に巻き込まれた際、避難できる場所を増やしています。また、10代のＬＧＢＴの子どもたちへの支援活動も全市を挙げて取り組んでいるそうです。

さらには、２０１５年９月、オバマ米大統領がアメリカ陸軍の次期長官にエリック・

K・ファニング氏を指名したことは、アメリカ国内のみならず世界各国で話題となりました。なぜなら、以前よりファニング氏は、同性愛者であることを公言しており、陸海空軍長官に初めて同性愛者が就くことになったからです。

報道によると、オバマ大統領は声明で、「彼は長年の経験と類いまれな指導力を、この新たな役割にもたらしてくれる」「米軍兵士に対する彼の尽力に感謝しており、優れた統率力で米国陸軍の兵士を率いてくれるだろうと確信している」と述べています（ファニング氏の人事はその後、米上院において全会一致で可決され、2016年5月に陸軍長官に就任）。

オバマ大統領は、2010年には同性愛者であることを公言したうえで軍務に就くことを禁じた施策を撤廃する法律に署名しており、その後も米軍内でLGBTの人々の権利を推進する多数の措置を実施しています。

LGBT婚の合法化がもたらした経済効果

2015年にアメリカの全州でLGBT婚が合法化されたことで、どれだけの経済効果が見込まれるかとても興味あるところです。

カリフォルニア大学ロサンゼルス校（ＵＣＬＡ）のウィリアムズ・インスティテュートは２０１４年12月、ＬＧＢＴ婚合法化に伴う経済的な影響についてリポートを発表しています。それによると、ウェディング業界や観光業界などのサービス産業の活性化が大いに考えられ、全米でなんと約26億ドル（約２千８００億円、１ドル＝１０８円で試算・以下同）もの経済効果が見込まれると試算しています。これにより、各州や市レベルで１億８４７０万ドルの税金収入と、約１万３千名もの新たな雇用が見込まれると報告しています。さらに、最後までＬＧＢＴ婚を認めてこなかった13州では、今後３年間で計７万５千組のＬＧＢＴ婚が見込まれるとし、総額で約５億４千万ドル（約５８０億円）の経済効果があるとしています。

一方、ニューヨーク州では２０１１年にＬＧＢＴ婚が合法化されましたが、ニューヨーク市当局によれば、その後１年間で、ＬＧＢＴ婚をしたカップルは約８２００組にのぼりました。その結果、同州のＬＧＢＴ婚から得た税収入は約１万６００万ドル、総額で約２億６千万ドル（約２８０億円）もの経済効果を生み出しました。ニューヨークの当時のブルームバーグ市長はＣＮＮのインタビューで、「結婚の平等によってわれわれの市はさらに開かれて自由になり、受容性が増した。さらに雇用を創出し、市の経済を支える役割も果たした」と述べています。

経済を押し上げる効果がもっとも高かったのはやはり挙式関連費用で、同市で結婚した同性カップルの67％がニューヨーク市内各地域にあるホテルやレストラン、パーティ会場で披露宴を開き、その平均支出額は約９千ドルだったそうです。また、結婚式に出席するため、州内外から約20万人の招待客が同市を訪れ、１泊平均２７５ドルでのべ約23万６千泊のホテル予約がありました。また、結婚の挨拶状の印刷枚数は４万枚以上にのぼり、引き出物の購入数は４万７４４５品目だったとのことです。

有名ブランドも注目するＬＧＢＴの人々の消費力

アメリカの調査会社ウィデック・コミュニケーションズ社が２０１５年６月に発表したリポートによると、全米のＬＧＢＴの人々の２０１４年の消費支出総額はなんと約８千８００億ドル（約95兆円）ほどであると試算しています。また、調査会社ニールセンのリポートでは、２０１４年、１年間のＬＧＢＴ世帯の小売店での平均購買金額は約４１００ドルと、男女のカップルの世帯とくらべて約７％以上高かったとあります。とりわけオンラインでのショッピングによる消費が大きな割合を占めていると いう結果が出ています。

同社が算出したＬＧＢＴの人々の消費支出総額は、全米50州で第４位のフロリダ州の年間生産高を上回るもので、毎年、その額は右肩上がりでこの４年間で３００億ドル（約３兆２４００億円）も増えており、近年、ほかに例を見ない成長力となっています。

「ＬＧＢＴの人々は全体的に可処分所得が多く、美的感覚が鋭くセンスのよい人が多い。彼ら・彼女らはファッション・リーダーとしての情報発信力も高い」とコメントする業界関係者もいます。

こういった動きを受けて、さまざまな企業でＬＧＢＴの顧客獲得に向けての新たなマーケット競争が繰り広げられています。老舗高級宝飾ブランドのティファニーが婚約指輪の広告に男性カップルを起用し注目を集めました。

「今の時代、結婚への道のりはもはや直線的ではありません。真の愛は多様な形態の愛の物語から生まれるものなのです」とティファニーのＰＲ部門の責任者はインタビューで答えています。

アメリカのファッションブランドでは、Ｊ・クルーが最初にＬＧＢＴカップルを広告に起用し、その後、ＧＡＰやサングラスのレイバンも続いています。

ほかにもＬＧＢＴの人々に的を絞ったサービスや、商品開発に力を入れる企業も多

LGBT をめぐる国家／社会・企業の関係

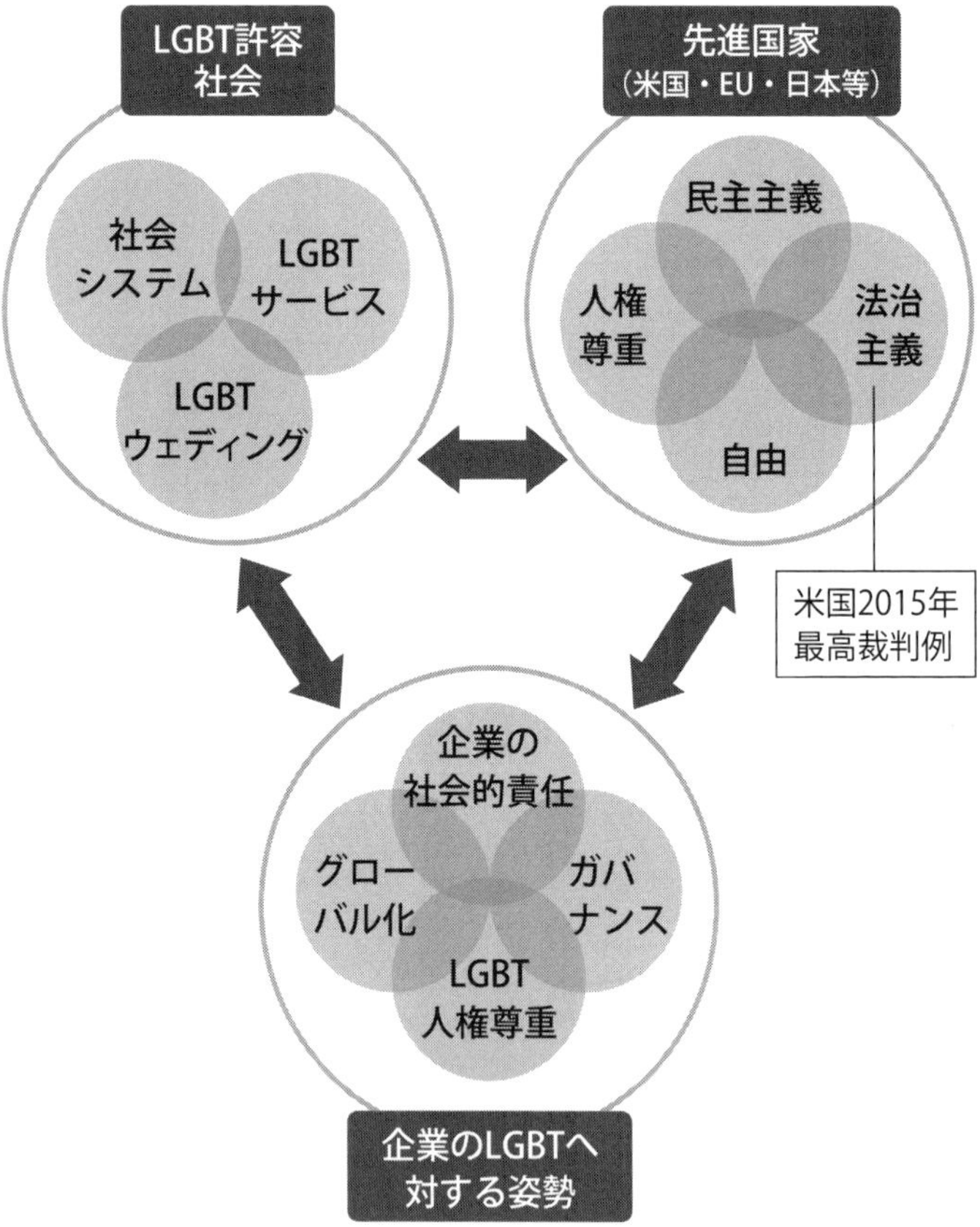

©Keiichi Miwa

数出てきています。たとえばデルタ航空では専用サイト（日本語サイトあり）を開設し、チケット情報や世界各地の観光情報を提供しています。

Column アメリカの最新トレンド

② LGBT婚の現状

LGBT 婚が日本より社会的認知を受けているアメリカでは、LGBT のカップルたちが結婚式を挙げるにあたってどんなふうに考え、実際にどのように結婚式を挙げているのでしょう。そのあたりを「the Knot」がLGBT の人々やそのカップルに行ったアンケート調査（2015 年実施）の結果を参考に見てみましょう。

まず、結婚式に先立ち、男性の 59%、女性の 69%が正式なプロポーズをしています。そしてプロポーズをされた人たちの約 7 割が、それをとてもハッピーなサプライズだと感じているそうです。

また、LGBT 婚の 7 割以上が 5 ～ 10 月にかけて行われています。男性は夏の、女性は秋の結婚式を好むようです。そして、ほぼ全カップルが結婚式当日に指輪の交換をしています。

結婚式にかかる費用の平均額はこの後でも触れますが、男性の 85%、女性の 79%がかかる費用のほとんどを自分たちだけでまかなっているという結果が出ています。

chapter3

アメリカ・LGBT婚コーディネーターとの対談

LBGT婚プロデューサーの草分け的存在

私のアメリカ人の知人に、バーナデット・スミス（Bernadette Smith）さんという方がいます。彼女はニューヨークに拠点を置く「14ストーリーズ」というウェディングプロデュース会社の代表を務め、同時に「ゲイ・ウェディング研究所」を主宰しています。

彼女は米国で初めて、LGBT婚を専門とするウェディングプロデューサーになったというキャリアの持ち主です。彼女が経営する「14ストーリーズ」は、現在、さまざまなイベントのプランニングを手がけています。同時に同社では、プエルトリコにあるヴィエケス島の「Wリトリート＆スパ」と提携し、そこで結婚式を挙げるカップルへの特別なウェディングプランも提供しているそうです。

彼女が起業したのは2004年、マサチューセッツ州でのことでした。この年はマサチューセッツ州で同性婚が合法化された年です。その後、拠点をニューヨークに移し、それ以外にもニューイングランドやシカゴなどを中心に事業を展開しています。現在では、アメリカ国内のどこであっても、お客様からの要望があれば、場所を問わず仕事をしているそうです。

「私たちのミッション（使命）は、革新的で特色のある結婚式をデザインするだけじゃなく、どんなカップルであっても決して差別を受けない、そんなウェディング業界を創り出すことですね」と彼女は話します。

そんな彼女に、アメリカでＬＧＢＴの人々が実際に結婚するにあたり、その現状や問題点などさまざまなことを伺いました。

婚姻が法的に認められるには結婚式が不可欠

彼女にアメリカのＬＧＢＴの人々が、実際にどのように結婚式を挙げているかを尋ねる前に、アメリカと日本では結婚の仕方・方法が少し異なりますので、それを説明しておきましょう。

アメリカで結婚する際、カップルはまず自分たちが居住する地域の役所に二人で行き、結婚許可証（Marriage License）を取得する必要があります。ただし、カリフォルニア州やニューヨーク州など、結婚許可証の申請を他州で行ってもよいとしているところもあります。

役所に行くと、申請用紙に必要事項を記入した後、係官からさまざまな質問を受けます。ちなみにアメリカのほとんどの州では18歳になると結婚できます。役所では18歳以上であることを証明する運転免許証やパスポートなどの公的証明書も提示しなければなりません。書類に不備がなければ、90日間（州によっては30日、60日間のところもあります）有効の結婚許可証が発行されます。

これを取得すると次は結婚式を挙げる必要があります。アメリカでは日本とは異なり、結婚式を必ず挙げないといけません。ただし結婚式には教会やチャペルで神父さんや牧師さんが行うものと、各州の役人などの立ち会いによる結婚式があります。後者の結婚式を「民事婚・人前結婚式」（Civil Marriage Ceremony）と呼び、その際にかかる手数料等は各州によって異なります。

結婚式が終わると式に立ち会った聖職者や役人に結婚許可証にサインをしてもらい、それを各州の役所に提出します。役所は、それを受理した後、二人の結婚を公的に証明する結婚証明書（Marriage Certificate）を発行します。これでカップルの結婚が法的に認められたことになります。この流れは、異性間であれＬＧＢＴの人々であれすべて同じです。

著者：2015年にアメリカでは全州でLGBT婚が合法化されましたが、今も州ごとのLGBT婚に対する意識にまだまだ温度差があると聞きました。そのあたりの現状はどのような感じでしょう？

スミスさん：ニューヨークやサンフランシスコがある東海岸や西海岸といった地域では、LGBT婚に対し寛容でリベラルな考え方をする人が多いですね。でも、南部や中西部の各州では、まだまだ多くの住民感情として保守的な意識が根強いです。アメリカ全土を見渡すと、LGBT婚に対しての社会全般の温度差は当然、あります。

でも、それ以前の問題として、個々の人たちの信条やさらには世代間のギャップもあるので、一概にリベラルな地域と保守的な地域を分けて、LGBT婚に対する温度差が明白にあるとはいい切れないところもあると感じます。リベラルな人たちが多く住む地域であっても、LGBTの人々への暴力やいじめなどといった差別は残念ながらまだまだ残っているからです。

著者：現在、アメリカでLGBTの人々がいざ結婚しようと思った場合、どのような問題がありますか？

スミスさん：LGBT婚を扱ったことのないウェディングプランナーやベンダー（業

スミスさんとスカイプで
対談する著者

者）がまだ多く、ＬＧＢＴの人々が戸惑ったり、気分を害することがあります。

たとえば、同性カップルが自分たちの気に入った会場に見学に行って、アンケート用紙や申込書に自分たちの名前を記入する際、記入欄に「新郎」「新婦」としか表示されておらず、戸惑ってしまったり……。

また、ＬＧＢＴ婚に不慣れなウェディングプランナーのなかには、同性カップルがやってきた時、どうしていいかわからないまま対応し、適切な接客やアドバイスができず、結局、同性カップルを傷つけてしまうということはよく聞く話ですね。

著者：ＬＧＢＴ婚を望むカップル個々においても、一組ごとに結婚式を挙げることに対する思いは、けっこう異なるような気がします……。

スミスさん：そうですね、実際にＬＧＢＴ婚の当事者の意識もさまざまです。同性婚だからと自分たちが特別視されることを嫌がるカップルもいます。なぜなら、そのカップルにしてみれば、「同性婚」という考えは全然なくて、単純に自分たちは〝結婚する〟という思いでいるからです。

カップルのなかには、長い間、二人とも差別に苦しみ続け、そういった差別を跳ね返すためにさまざまな運動や活動をしてきたという人たちもいます。そういうカップルは、あえて同性婚であることを強調する演出を結婚式や披露宴で行うこともありますね。

著者：そういったある種ラジカルなカップルですと、結婚式にあたり具体的にはどのようなことをするのでしょう。

スミスさん：たとえば、濃いひげをはやしたマッチョな雰囲気の男性カップルが、ブーケトスの代わりにクマのぬいぐるみを投げたりすることがあります。あごひげのことを英語で「beard：べアード」といいますが、その発音が「bear：クマ」に似ているので、あえてそういった行動を取るのです。

著者：なるほど。ところで、同性婚を望むカップルは、結婚に踏み切る前にどのくらいお付き合いされているものなのでしょう？

スミスさん：同性婚カップルの傾向として、正式な法律婚の前に、平均で7～9年、長いカップルだと15年以上も同居されているケースが多く、そうなると、カップルの年齢は二人とも比較的、高齢の場合が多いのが現状です。
そういったカップルの多くは、派手な結婚式は望まないことが多いですね。彼ら・彼女らにしてみれば、結婚に多額のお金をかけるより、二人の老後のための貯蓄をしたほうがいいと考える人も多いのかもしれません。

著者：現在、ニューヨーク市や全米で、社会的、政治的な観点から見て、ＬＧＢＴ婚はどのように認知され、報道されていたりしますか？

スミスさん：ＬＧＢＴの人々への差別や偏見はニューヨークのみならず全米各地で依然、あることは先ほど話したとおりです。でも、ここ数年のうちに、社会的に影響力のある著名人が次々と、ＬＧＢＴであることをカミングアウトしたり、アライ（Ａｌｌｙ＝理解者・支援者。自分はストレートだけれどＬＧＢＴの支援者と名乗る人）であると表明してきたことで、一般の人々の意識も徐々に変化してきています。

ＣＮＮによるとＡＢＣテレビとワシントン・ポスト紙による２０１４年の調査では、全米での同性婚への支持率が過去最高の59％に達しました。なかでも10代から40歳以下の若いミレニアム世代では、実に70％以上の人が支持しているという結果が出ています。

著者：アメリカの各界の著名人で、ＬＧＢＴであると表明したり、結婚式を挙げたというカップルには、どのような方々がいますか？

スミスさん：日本の多くの方々が知っている人だと、歌手のレディ・ガガがバイセクシュアルであること、さらにはジョディ・フォスターがレズビアンであることを表明していますね。

ほかにもたくさんの著名人がここにきてＬＧＢＴであることを表明したり同性婚を挙げたりしています。

なかでも、アメリカの人気トーク番組『エレンの部屋』の司会者でありコメディアン・女優であるエレン・デジュネレスは全米で知らない人はいないというほどの有名人。過去にグラミー賞やアカデミー賞の司会も務めています。彼女はフォーブス誌によるもっとも影響力のあるセレブランキング（２０１４年）で、全米第５位にランクインされたほどです。彼女はハリウッド女優ポーシャ・デ・ロッシと結婚し、二人はＬＧＢＴの権利拡大のためのさまざまな活動を行っています。

著者：またＬＧＢＴの人々への社会全体の取り組みなどで、最新のトピックスではどのようなものがありますか？

スミスさん：ＬＧＢＴに対する各企業の取り組みも無視することはできません。従業員に対する当然の福利厚生だけでなく、社会的な責任を果たすこと、先進的で平等な職場環境が整っているという企業イメージの維持にも一役買っているようです。
民間企業だけでなく、軍隊やボーイスカウト連合といった非営利団体でも、同性愛の指導者を指名しています。

著者：現在、ニューヨークで年間にＬＧＢＴ婚を挙げるカップルはどのくらいいるのでしょうか？

スミスさん：ニューヨーク市の年間婚姻数は、約7万8千組。そのうち、15％が同性婚といわれています。もちろんこの数字にはニューヨーク市民だけでなく、州外・国外からニューヨークで合法的に結婚式を挙げたいというカップルも含まれています。

著者：ＬＧＢＴのカップルが、結婚式を行うにあたり、家族や親戚、友人たちにオープンに祝福してもらえるという雰囲気はもう当たり前のことなのでしょうか？　それとも、まだまだネガティブな意見を持つ人もいるのでしょうか？

スミスさん：残念ながら、「アメリカ＝何でもオープンで平等な国」とはいえないと思います。各業界や職場環境によって随分異なり、とてもオープンでLGBT婚について普通に語ることができるところもあれば、逆にLGBTの人々に対する差別・偏見が依然としてあるところもまだまだ見受けられます。
職場や友人間もそうですが、とりわけ家族間だと、カミングアウトした場合、他人同士よりも衝撃が強いようです。ですから、LGBTのカップルが結婚式を挙げる場合、たとえば結婚式の招待状を送る機会を利用して、勇気を振り絞って初めて家族にカミングアウトする方々もたくさんいますね。

過去にこんなことがありました。「ぜひ、結婚式に家族も参列して祝ってほしい」というカップルが、思い切って家族に招待状を出し、家族も二人の気持ちを汲んで、会場までやってきました。でも、家族のうちのある方は、どうしても気持ちの整理がつかず、結婚式にも披露パーティにも参加しないで、ただ悄然と控室の椅子に座り続けていたのです。

著者：ひと口にLGBT婚といっても、レズビアンのカップルもいれば、ゲイのカップルもいて、さまざまなパターンがあると思います。それぞれの結婚式で何か特徴的なことはあるのでしょうか？

スミスさん：「レズビアンだったらこんな感じ、ゲイならこう」と、決めつけてしまうこと自体が先入観につながりますので断言は避けますが、たとえば女性同士のカップルは、衣裳へのこだわりが男性同士よりも強いといえるかもしれませんね。

また、結婚式でバージンロードを使用するカップルのうち、女性はそれぞれの家族や友人にエスコートされることを好むようですが、男性は二人一緒に歩くのを選ぶ割合が多いですね。

著者：実際にLGBTの人々の結婚式をコーディネートされる場合、どのような流れでお仕事をされるのですか？

スミス：私ども「14ストーリーズ」では、ストレート婚のお客様もいらっしゃいます。LGBT婚であれストレート婚であれ、カップルから相談を受け、具体的なプランを組み、結婚式当日を迎えるまでの流れは同じですね。

具体的なプランニングを作るにあたっては、わが社では二通りのやり方を行っています。一つは完全なテーラー・メイドでカップルの希望に沿って、丁寧に細かく組み立てる方法です。カップルからどんな希望が出るかは、当然、一組一組異なりますので、この場合の料金設定はありません。

もう一つはわが社が企画する「ニューヨーク・ゲイ・ウェディング・パッケージ」（「ゲイ・ウェディング」とは、英語では一般的に「同性婚」を意味する）というものです。これは、地方からニューヨークへの小旅行を兼ねた、こぢんまりとしていながら温かな雰囲気のミニ結婚式プランです。

著者：その「ニューヨーク・ゲイ・ウェディング・パッケージ」とは、どういった内容でしょうか？

スミスさん：このパッケージは、他社のどのパッケージより簡単に実現できるウェディングプランです。カップルがニューヨークに滞在する際、事前にホテルと訪れたいレストランを決めていただければ、その後の手配や予約はわが社がすべて行っています。

このパッケージには、結婚式のサポートにはじまり結婚許可証の取得、さらには、マンハッタン周辺をカップルが最長3時間ドライブできるプランもついています。

結婚式を挙げる際、司会者の手配（希望される場合、追加料金300ドルで、カップルのなれそめからの物語を組み込んだスピーチもできます）をし、パーソナル・フラワー・ブートニアとブーケを各二つずつか、ブーケとブートニアを一つずつ準備しています。また、20名まで召し上がれるウェディングケーキがついています。さらに、プロの写真家による写真撮影もあります。これらにかかる費用の総額は、当日、出席される方が20名までの場合、3950ドル（約45万円）となっています。

ニューヨークでの結婚式を突然、思い立ったカップルのために、申し込みから結婚式当日まで2週間以内であっても、空き状況によっては、このプランを利用できます。

著者：それ以外で、LGBTのカップルからご相談を受けて実際に結婚式が行われるまで、通常はどのくらいの期間がかかりますか。また、一般的な例として、結婚式を行うにあたりどのくらいの費用がかかるのでしょうか。ＬＧＢＴ婚と、ストレート婚でのコストの差などはありますか？

スミスさん：テーラー・メイドの結婚式では、お客様のご要望により時間も手間も十二分にかけたプランニングを行いますので、かかる期間もさまざまでなんともいえません。

２０１５年に実施されたＬＧＢＴ婚カップルのあるアンケート調査によると、男性カップルの場合、かかった費用の平均額は１万５９９２ドル（約１８０万円）、女性カップルは１万３０５５ドル（約１５０万円）でした。ちなみに全米の婚礼費用の平均額は３万１２１３ドル（約３６０万円）なので、ＬＧＢＴ婚にかける費用はストレート婚に比べ低いといえますね。

ただし、なかには２万ドル（約２３５万円）以上かけるカップルも全体で２割程度はいます。また、ＬＧＢＴのカップルのほとんどが、結婚式にかかる費用を自分たちでまかなうというのが現状です。

著者：その差はどういった理由が考えられますか？

スミスさん：そうですね、まずＬＧＢＴ婚カップルは小規模な結婚式を望む傾向があると思います。前にも話しましたが、同棲期間が比較的、長いカップルが多く、結婚時の平均年齢も男性41歳・女性39歳と高いため、あまり派手な演出を好まないようですね。ちなみに全米の結婚年齢の平均は、男性31歳・女性29歳となっています。

著者：費用以外で、異性カップルの結婚式とＬＧＢＴ婚で、もっとも異なる点とはどういったことでしょうか。またコーディネートするうえで、いちばん気を遣うところはどのような点ですか？

スミスさん：異性婚・同性婚に限らず、アメリカでは、ウェディングプランナーはカップルから仕事の依頼を受けると、エージェント（代理人）として、結婚式にかかわるすべての交渉にあたります。

私は代理人の務めとして、特にＬＧＢＴカップルの場合でしたら「自分たちは差別されているのでは？」といったマイナスの感情を抱かないよう、あらゆる手段を取ることに神経を使っていますね。

ＬＧＢＴのカップルたちは、私の接客中の会話、言葉の一つひとつにも敏感に反応します。ですから私は、たとえば「ブライダル」という単語は使いません。なぜならその語源は「ブライド＝花嫁」であり、クライアントによっては差別用語になるからです。

カップルによっては花嫁が二人、花婿が二人という組み合わせもありますし、そうした性的な枠組みや役割分担を超越したカップルに「あなた方のどちらが花嫁で、どちらが花婿ですか？」と聞くことで彼らは傷ついたり、狼狽したり、怒りを感じるかもしれないからです。

ですから、私は自分が属するこのマーケットのことを「ブライダル業界」ではなく、「ウェディング業界」と話したり書くようにしているのです。

著者：長年、LGBT婚のコーディネートの仕事を続けてこられたなかで、印象深いエピソードなどはありますか？

スミスさん：私の著書（161ページ、参考文献参照）にも載せているエピソードを一つ、ご紹介しましょう。

自分が性同一性障害であることを長年、悩んでいた、社会的地位の高い成人男性がいました。彼は結婚をして奥様もいたのです。ある時、彼は思い切って奥様に、そのことを打ち明けたそうです。すると奥様は、その方の悩みを十分に理解してくださり、なんと彼に性転換を勧めてくれて、その方は50代で性別適合手術を受けました。

その後、残念なことに奥様は病気で亡くなりました。残された元夫は、今度は女性（仮名・マギー）として生き、お付き合いの相手として女性を求めました。そして、素晴らしい人（仮名・スーザン）と出会うことができたのです。

少し話がややこしくなりましたが、元夫はストレートの男性からトランスジェンダーを経て、レズビアンの女性になったわけですね。

私は、このカップルのウェディングプロデューサーとして雇われました。マギーはとてもナーバスな性格で、ドレスショップで試着する時も、「自分は肩幅が広いから似合うドレスなんてないかもしれない……」「試着している時にヘアピース（つけ毛）が落ちてしまったら、ドレスコーディネーターから笑われてしまうんじゃないか……」と、色々、心配ばかりしていました。

私は事前にドレスショップと何度も何度も確認を取り合いました。おかげで担当してくれたドレスコーディネーターも素晴らしい接客をしてくれて、マギーは嫌な思いをすることはありませんでした。それどころか彼女は輝くように美しく、とても自信にあふれた姿で、うれしそうにドレスの試着をしていたのがとても印象に残っています。

マギーとスーザンの結婚式当日は、それは感動的な一日でした。二人はともに50代後半でしたが、それぞれが80歳代になる自分の父親にエスコートされてバージンロードを歩いたのです。女性カップルの二人、そしてお父様二人もプライドに満ちていました。

ウェディングプランナーとして最初にアドバイスすること

長年、さまざまなＬＧＢＴの人々のウェディングをプロデュースしてきたスミスさんは、とにかく、ＬＧＢＴのカップルが結婚式を挙げたいと相談にやってきたら、まず「結婚式を挙げるのに、ストレート婚の伝統に従わないと……と色々と考えすぎず、二人の結婚式は、まったくのオリジナル・イベントを開く機会と考えましょう」とアドバイスするそうです。

ＬＧＢＴ婚では、「結婚式を挙げるうえで、絶対にこれをすべき」といった考えは必要ないとスミスさんは強調します。「多くの同性カップルの間には、性別的な役割は存在しません。ですから新たな結婚式を生み出す自由が彼らにはあるのです」

また、これはアメリカであれ日本であれ、ストレート婚であれＬＧＢＴ婚であれ、同じことがいえると思いますが、結婚式当日にカップルが着用する衣裳については早い段階から準備が必要となります。

たとえば、男性同士のカップルで、二人ともタキシードかスーツを着用しようと考えているのであれば、好みのものを探すだけでよく、そんなに手間はかからないでしょう。

ところが、女性同士のカップルで、ウェディングドレスを着たくないとしたら……、けっこう衣裳探しは時間がかかり、結局、見つからなかったということもあるそうです。

もしも予算が許すなら、カスタム（オーダー）メイドで仕立てるという方法もあります。でも、それが出来上がるまでには、通常、何か月もかかりますから、早いうちから値段やスタイルを調べて検討する必要があると、スミスさんもアドバイスしています。

ところで、アメリカのストレート婚では、幸運のおまじないとして、花婿は花嫁のウェディングドレス姿を、結婚式当日のお式が始まる直前になって初めて見ます。

こういったおまじないをしたいと考える女性同士のカップルがいる場合、「あなたと未来のパートナーが、互いのドレスを挙式まで秘密にしておくつもりなら、婚礼衣裳の写真をそれぞれのプランナーか友人にあらかじめ見せておくことをお勧めします。そうすれば、彼らが二人の衣裳バランス（格式、デザインやスタイル、色など）を調整してくれるはずです」とスミスさんはいいます。

ＬＧＢＴ婚の挙式では自分らしさを出すことが何より大切

アメリカの伝統的な挙式では、花嫁がバージンロードを歩み、花婿が彼女を祭壇の前で待ちます。これは日本も同じですね。ＬＧＢＴ婚の場合はどうなるのでしょう。これについては、カップルがもっともやりたいと思うスタイルでやるのがいちばんだとスミスさんはいいます。

「たとえば、バージンロードを歩く際、片方が先に、その後すぐにもう片方が歩いたり、二人並んで歩いたりしてもいいのです。また、バージンロードを２本準備し、それぞれが歩調を合わせて進むことだってできますね」。

ＬＧＢＴのカップルが結婚式を挙げると決めたら、誰に式を挙げてもらうかを決める必要があります。特に聖職者に結婚式を挙げてもらいたいとなると、同性婚を支持する宗派や教会を探さないとなりません。

キリスト教のプロテスタントのなかには、同性婚の結婚式を挙げることを、聖職者個々の判断にゆだねる宗派もあります。ちなみにプロテスタントではクエーカー教やユニテリアン教会、さらにはユダヤ教の自由主義派などは、ＬＧＢＴ婚に寛容だといわれています。

日本では、プロテスタント系の日本基督教団の牧師さんたちのなかで、ＬＧＢＴとしてカミングアウトされている人たちもおり、そういった方々のなかにはＬＧＢＴ婚の結婚式を執り行っている人もいます。そのうちの一人、新宿コミュニティー教会の中村吉基牧師はゲイであること、さらには同性のパートナーがいることをカミングアウトしています。

中村牧師はＬＧＢＴの人々が生きやすい世界の実現を何より望み、ＬＧＢＴの人々のためにさまざまな活動を行っています。同性カップルが結婚式を挙げたいと相談に来ると、牧師としてその望みを叶えるために結婚式を執り行っていると、あるインタビューで答えています。

また、まだ少数ですが、お寺や神社などでのＬＧＢＴ婚もできます。たとえば、前にも紹介した京都の禅寺春光院や、東京の池尻稲荷神社（世田谷区）、大阪の教派神道金光教桃山教会「願いの宮」（天王寺区）などがあります。

アメリカでのLGBT婚のトレンドとは

形式ばった求愛のスタイルにはこだわらない

ここからは少し、実際にLGBT婚を挙げたカップルを対象としたあるアンケート結果を参考にしながら、アメリカでのLGBT婚のトレンドや実情を垣間見てみましょう。アンケートはアメリカでこれから結婚式を挙げようとするカップルにとても人気のあるポータルサイト「the knot」が行ったものを参照しました。

アメリカでは昔から男性が女性にプロポーズをする際、ひざまずいて求婚をするのが一般的です。では、LGBTのカップルの場合はどうしているのでしょう。LGBTのカップルで、こういったスタイルを取ったのはわずか16%程度しかなく、あまりプロポーズの形式にはこだわっていないことがわかります。

スミスさんも対談でおっしゃっているように、LGBTのカップルは結婚式を挙げる前から、すでに長い年月、共に暮らし揺るぎない関係を築いている場合が多いので、こういった結果になったようです。それよりも、愛する人に指輪や腕時計を贈るほうが人気が高いそうです。なかでも、ゲイ・カップルでは、それがとても流行っていると聞いたことがあります。

小規模な結婚式が主流

結婚式を挙げた後、同じ日にパーティ（披露宴）を行うのはアメリカでも日本でも一般的ですね。アメリカのＬＧＢＴ婚のカップルが開くパーティは、レストランや自宅・友人宅、歴史的な建物などで行うことが多いようです。

また、結婚式に招くゲストの平均人数は、男性カップルは77名、女性カップルは71名と、ストレート婚に比べて小規模な結婚式を挙げるカップルが大部分のようです。

一方で、ストレート婚であれＬＧＢＴ婚であれ、結婚式を住んでいる場所ではなく、遠いところにあるリゾートなどで挙げることもよくあります。

そういった場合、友人や知人を招いてのパーティを開くことができません。そうなると結婚式を終えて帰宅した後、アフターパーティを開くことがあります。ＬＧＢＴ婚を挙げたカップルとストレート婚を挙げたカップルのうち、このアフターパーティを行ったカップルの割合は、ＬＧＢＴのカップルは19％なのに対し、ストレートのカップルはわずか6％でした。この結果から、LGBTカップルには海外やアメリカ国内のリゾートでの結婚式が人気があることがわかります。

ところで、アメリカでは結婚するカップルにお祝いを贈る際、「ギフトレジストリー」というシステムがあります。具体的には、まずカップルはデパートやお店で欲しいものを事前にリストアップします。そして、それを結婚式の参列者に知らせておきます。すると、参列者たちは結婚式前にそこに行き、リストを見て、自分が贈るものを決めるというものです。

カップルは本当に欲しいものや必要なものを貰え、贈る側も品選びに悩まず自分の予算に合わせたものを選べるというとても合理的なやり方です。これはアメリカだけではなくヨーロッパの国々でも伝統的な慣習となっています。LGBT婚を挙げたカップルのうち29％がこのシステムで贈り物を受け取っています。

付添人は頼まず、役所などで結婚式を行うカップルが多い

アメリカの結婚式では、式当日、新郎新婦にそれぞれ「ブライダルパーティ」と呼ばれる付き添い（立会人）の一団がつくのが一般的です。花嫁の付添人を「ブライズ

メイド」と呼び、そのなかでいちばん花嫁と親しい友人女性の代表を「メイドオブオナー」といいます。一方、花婿の付添人代表を「ベストマン」といいます。

しかし、LGBT婚の場合、約半数のカップルは、こういったブライダルパーティを頼まないという結果が出ています。また、結婚式に際して、LGBT婚のカップルの37％は、バージンロードを家族に導かれて歩くのではなく、二人が共に歩くというスタイルを取っています。

さらには、LGBT婚では、結婚式を聖職者に挙げてもらうよりも、前でも説明しました民事婚（Civil Marriage Ceremony）を行うカップルの割合が22％と、ストレート婚の8％よりとても高いのが特徴です。

ハネムーンの行き先は？　結婚後の姓はどうする？

結婚式を挙げたカップルであれば、誰もが式後、ハネムーンに行きたいと思うことでしょう。でも、LGBTのカップルがハネムーンに行きたいと思ったら、まず行く先がLGBTに対して寛容なところであるか、差別や偏見がないかということをきちんと調べておく必要があります。そうじゃないと、せっかくのハネムーンが台無しになってしまうことも考えられます。

LGBTのカップルでは全体の63%がハネムーンをすると答えています。行き先は、ハワイやカリフォルニア、マイアミといったアメリカ国内がもっとも多く、次はヨーロッパ各国が続きます。日本にハネムーンにやってくるLGBTのカップルは、まだまだそれほど多くはありませんが、やはり人気は京都のようですね。

アメリカでも日本と同じように、結婚すると、ほとんどの花嫁が花婿の姓を名乗るのが一般的です。ところが、LGBT婚のカップルにとって、結婚後、どちらの姓を名乗るかを決めるのはなかなか難しいようです。LGBT婚を挙げたカップルのなかで、62%は結婚後も互いに元の姓を名乗っているという結果が出ています。

ただし、このアンケートは2015年のアメリカ全州でLGBT婚が合法と認められる以前のものだったので、現状はもう少し違った数字となっていることが大いに考えられます。

というのも、2015年以前、LGBT婚が合法と認められていなかった州でLGBT婚を挙げた後、姓を変えるには裁判所に訴え出るというとても面倒な手続きが必要でした。その際、当然のことながら、多額の費用と長い時間、さらには精神的なストレスがあり、それで姓を変えるカップルが少なかったことが容易に想像できるからです。

LGBT婚に招かれた際、いってはいけないこと

アメリカであれ日本であれ、LGBT婚に招かれた際、ふと漏らしたひと言が、カップルを傷つけてしまうことがあります。以下、ゲスト側がいってはならない言葉をまとめてみました。

1　どちらが花嫁で、どちらが花婿？

LGBT婚で同性婚の場合、当然、二人の花嫁か二人の花婿がいます。また、なかにはたとえば男性同士のカップルでも、自分たちは二人とも花嫁と思っているカップルもいるかもしれません。だから、花嫁、花婿という言葉を安易に使うのは避けたいものです。

2　ご両親や兄弟は参加しないの？

結婚式にカップルのご家族が列席していない場合、カップルがまだ親族にＬＧＢＴであることをカミングアウトしていないことや、カミングアウトして列席してほしいと頼んだけれど、断られたということなどさまざまなデリケートな事情が考えられます。ですからこういった発言は、カップルの気持ちを考えると慎みたいものです。

3　将来、子どもを持ちたいと考えているの？

アメリカの場合、ＬＧＢＴ婚を挙げたカップルは、子どもを養子縁組などで得て、育てているカップルがけっこういます。また、女性同士のカップルでは、どちらかが人工授精で子どもを授かるということもあります。さらに男性同士のカップルでは、代理母で子どもを授かることもあります。

でも、日本の現行の法制度では、特別養子縁組は婚姻している男女しか利用できず、ＬＧＢＴのカップルがそれを望むことは不可能です。また、女性同士のカップルの場合、日本ではどちらかが人工授精や体外受精といった医療を病院で受けることは、法律的には禁止されてはいませんが、日本産科婦人科学会のガイドラインにより禁止されています。

現状はどうであれ、そもそもこういった質問はどんなカップル（ストレート婚でも）に対しても、失礼なことですね。

Column　アメリカの最新トレンド

③ LGBT婚のハネムーン

結婚式の次は、そう、ハネムーンですね。

90ページに続き、「the Knot」のアンケート調査（2015年実地）から、LGBT婚のハネムーンについて取り上げてみましょう。

LGBTのカップルのうち、ハネムーンに出かけるのは63%。そのうちの25%がアメリカ国内を選んでいます（人気はマイアミとハワイ）。

アメリカ国内が人気なのは、やはり安全性の面から。外国へ行ってそのほかの法律、文化、宗教に照らし、自分たちの愛を公にしても安全かどうかが、第一条件のようです。アメリカ国内の次は、ヨーロッパが人気となっています。

ちなみに日本のLGBTカップルには、結婚式の後の観光なども楽しめる沖縄やハワイでの、リゾート婚が人気だそうです（chapter4参照）。

chapter4

リゾートで挙げるLGBTウェディング【ハワイ&沖縄】

沖縄のビーチリゾートで結婚式を挙げられる唯一のホテル

ここ1、2年の間で、日本でもＬＧＢＴのカップルが結婚式を挙げることができる結婚式場やホテルが全国各地で少しずつですが増えてきています。

そのうちの一つに、国内のリゾート婚の中心である沖縄で、２０１５年に初めてＬＧＢＴ婚を本格的にスタートさせた「カフー リゾート フチャク コンド・ホテル」があります。

カフー リゾートは沖縄本島のちょうど真ん中あたりにあります。目の前は真っ白な砂のフチャク・ビーチがあり、そして紺碧の大海原が広がるとても眺めのよいリゾートホテルです。同ホテルは、前でも紹介しましたＩＧＬＴＡ（International Gay and Lesbian Travel Association、国際ゲイ・レズビアン旅行協会）にも加盟しており、世界各国からのＬＧＢＴ宿泊客を現在、積極的に受け入れています。

あるとき、ご縁があって同ホテルでＬＧＢＴ婚の責任者を務めている阪田雄介さんと知り合うことができました。色々とお話をする機会があり、今後、ＬＧＢＴ婚を日本でプロデュースするうえでどういった姿勢を取るべきか、また気をつけておくべきこと、知っておくべきことなどについて話し合いました。

阪田さんはバイセクシャルであることをカミングアウトしています。当時、まわりに当事者の方が多くいらっしゃったこともあり、ウェディングプランナーとして手伝うことはできないかと模索していらしたそうです。そして、いつか日本でもＬＧＢＴ婚が、ストレート婚と何ら変わらない、普通のことと誰もが思うような社会にしたいという熱い思いを持っています。

「私自身、ホテルのウェディング部門で働きはじめて、15年くらい経ちました。以前、勤務していたホテルでＬＧＢＴのカップルのウェディングをやりたいと提案したことがありましたが、当時はまだなかなか理解が得られずダメでした。

そのころはまだＬＧＢＴという言葉さえなかったので、今思うと、少し早かったかなと思いますね。でも、カフー リゾートに入社して、念願だったＬＧＢＴ婚を２０１４年６月に初めてプロデュースできました。これがきっかけとなり、その後、会社の上層部と話し合いを重ねて、２０１５年３月から本格的にＬＧＢＴ婚の宣伝プロモーションを開始し、ＬＧＢＴ婚事業に乗り出しました」

社員向け講習会でLGBTの人々への理解を深める

カフー リゾートがLGBT婚をはじめて約2年が経ち、現在では15組のカップルが結婚式を挙げています。LGBT婚事業をはじめるにあたって、スタッフ教育やホテルの設備面での改築をどのように行ったのかを伺ったところ、「スタッフには、私が当事者であることはすでに公言していました。そこで私が講師となってスタッフ向けの講習会を開いていきました。まず必要な知識にはじまり、LGBTのお客様をどのようにお迎えするか、さらにはそういったお客様にどのようなおもてなしやホスピタリティが求められるかを説明しました。

設備面では私どもでは大きな改築などはしませんでした。LGBTのお客様を迎えるにあたり、トイレのマークを男女別だったのを、男性・女性のどちらでも使えるようなものに変えるというホテルや結婚式場もけっこうあると聞いていますが、私どもではもともとのマーク自体が男性用、女性用で明確な区別を示していなかったので、そのままで使用しています」と阪田さん。

「まず講習会の最初に、『世の中には色々な方がいることを覚えておいてください』

と話しました。ひと口にＬＧＢＴのお客様といっても、ゲイの方もいればレズビアンの方もいます。また、トランスジェンダーの方のなかには、自分が男性なのか女性なのかわからない人もいます。

だから、ＬＧＢＴの人々の心や気持ちの部分を説明する時、説明の内容をすべて理解してほしいというスタンスではなく、さまざまなタイプのＬＧＢＴの人々がどんな気持ちでいらっしゃるかをまずは知ってほしい、ということを説明することからはじめました。

私どものスタッフの年齢層は20代から30代前半が大部分を占めています。この世代の人たちは、これまでの人生の中で周りにＬＧＢＴの人が少なくとも一人はいるという環境で育ってきています。ですから、ＬＧＢＴの人々にどのように接していけばよいか、その基本的なことは理解していましたから、その点についてはそれほどの苦労はなかったですね。

講習会では、たとえば『ホモ』『おかま』『レズ』という表現は差別的なのかどうかといったことを、歴史的背景をからめながら説明してきました」

ＬＧＢＴの人々への対応で求められること

カフーリゾートのようにＬＧＢＴの人々に対してフレンドリーであると公言していても、ＬＧＢＴの人々がコンタクトを取ってくる際、最初は、「ほんとうに大丈夫かな……」という気持ちがとても強くあるそうです。ですから、問い合わせの電話があったら、まずは「ご連絡ありがとうございます。ご結婚おめでとうございます」ときちんとご挨拶することがとても大切で、こういった最初のひと言で、ＬＧＢＴの人々はずいぶん安心されると阪田さんはいいます。

考えてみると、お客様のお気持ちを事前に察するということは、ウェディング業界で働く私たちなら誰もが持たないといけない姿勢です。言葉を変えれば、ＬＧＢＴの方々だから特別という意識を持つ必要はありません。当たり前のことを当たり前にやればよいのです。ＬＧＢＴの方だからと、逆に変に気を遣いすぎると逆効果になってしまい、自分では意識していなくてもついついお客様を傷つけたり、差別につながる可能性もあります。

ただし、その大前提として、ＬＧＢＴの人々への対応をするにあたって、ＬＧＢＴ

に関する基本的なことを知っておくこと、そして、具体的にどういった言葉が失礼にあたるかといった知識を持つことは、必要不可欠であることはいうまでもないでしょう。

「私どもで最初にＬＧＢＴ婚を挙げられたのは、名古屋にお住まいの40代の女性同士のお客様でした。お一人がトランスジェンダーで、もう一人の方はストレートの方でした。もともと、お二人は4、5年前に名古屋で結婚式を挙げようと、ある結婚式場と話し合いを進めていたそうです。

その式場にはチャペルがあり、そこで結婚式を申し込まれたそうですが、結局、結婚式場側に断られキャンセルされたそうです。お二人は、それでずいぶん落ち込まれ、しばらくの間は結婚式を挙げることをあきらめていたそうです。でも、その後、私どもでＬＧＢＴ婚をはじめたことを知り、コンタクトを取られました。

でも、最初にお電話いただいたときは、『本当に結婚式を挙げられるの？』という感じで、恐る恐るお電話をなさったという感じでしたね。その時は、ＬＧＢＴ婚の募集をはじめたばかりのころで、専用のホームページもまだ開設していなくて、お客様にしてみれば大丈夫かな……というお気持ちがとても強かったのだと思います」と阪田さんは振り返ります。

LGBTのカップルの多くは、「けじめ」として結婚式を挙げる

日本でもLGBTの人々が、結婚式場やカフー リゾートのようなリゾートホテルで結婚式を挙げられるようになったのは、とても素晴らしいことです。

そんななか、LGBTの人々が結婚式を挙げるということには、ストレートのカップルが結婚式を挙げることとは、少し別の意味合いがあると阪田さんはいいます。

「今まで私どもで結婚式を挙げられたカップルの方々と接していて、LGBTのカップルが結婚式を挙げるということには、〝けじめをつける〟という意味合いがとても強いと感じています。

というのも、男女のカップルですと、結婚するということは、婚姻届を出して法律的に家族となるという意味合いが強いですよね。でも、現在、日本ではLGBTのカップルの方々には、それは許されていません。ですから、LGBTのカップルは、たとえ法律的な面で家族になれなくても、お二人が今後も末永く幸せに暮らしていくための儀式、言葉を変えれば〝けじめ〟として結婚式を挙げられるのではないでしょうか。

実際に、そんなお二人の決心を結婚式という場で、親しいお友だちやご家族の前で

誓うことに大きな意味があると、多くのカップルの方々がおっしゃっていました」

ご家族へのカミングアウトが高いハードルとなる

カフー リゾートでのＬＧＢＴ婚では、とても仲のよいお友だちやご家族がご列席されるというパターンが多く、やはりストレート婚に比べるとこぢんまりとした結婚式となります。結婚式を挙げるにあたり、まずは親しいお友だちに声をかけ、その後、ご家族に話すパターンが多いそうです。

ＬＧＢＴ婚では、ご家族が参加するかどうかは、それまでにご家族に自分がＬＧＢＴであることをカミングアウトしているかどうかがとても大きく関わってくると、阪田さんは続けます。男女のカップルの場合、結婚式はまずご家族に相談してというのが一般的です。でも、ＬＧＢＴのカップルでは、そのあたりの事情は少し異なるようです。

「ＬＧＢＴのカップルのお客様からウェディングのご相談を受ける際、ご家族にまだカミングアウトしていないけれど、どうすればよいでしょう、というご相談を受けることがよくありますね。幸いなことに、これまで私どもで結婚式を挙げられたＬＧＢ

Tのカップルは全組とも、ご両親がご列席くださいました。

最初にお式を挙げられた名古屋のカップルの時も、ご両親が理解を示して式に参加してくださいました。でも、ご両親がきちんと気持ちの整理をされるのに相当な時間が必要だったと思います。

事実、結婚式の後、しばらくの間、お父様は自分の娘が結婚したことを親戚や知り合いになかなか言えなかったそうです。ところが、半年ほど経つと、そんなお父様がご自身から娘が結婚したことをオープンに話すようになり、それを聞いて、やっと自分たちの結婚を心の底から認めてくれたんだとお二人は感じ、とてもうれしかったと話してくれました」

このように、最初は反対したり、結婚することをなかなか理解できなかったご両親も、結婚式に参加することで、お気持ちや思いが少しずつやわらいでいったことが想像できます。

カップルの秘密保持について気をつけておくべきこと

LGBT婚を挙げられる際、お客様のなかには、ほかのお客様に見られずに式を挙げたいという方もいます。また、逆に一部の結婚式場やホテルでは、他の婚礼客に気を遣ったり、ＬＧＢＴのカップルの結婚式もストレートカップルと同じような衣裳で行ってほしいという理由から、ＬＧＢＴの人々の結婚式をお断りすることもまだあるのは残念なことです。

阪田さんも、カップルからそういったご要望があった場合、できる限りの提案をしているといいます。「でも、最初はほかの人たちに見られたくないとお話しされていても、結婚式当日になると、大丈夫です！　とオープンになる方がほとんどですね（笑）。私どもでこれまで結婚式を挙げられたカップルはすべて女性同士のカップルでしたが、男性に比べて女性はオープンになるのかもしれません」

ＬＧＢＴのカップルの結婚式のお見積もりをする際、男女のカップルとは異なる心配りも必要です。

「結婚式で、女性同士のカップルで、お一人はウェディングドレスを、もうお一人はタキシードを着たいというリクエストがあった場合でも、タキシードを着用される方がヘアメイクをご希望される場合があります。タキシードを着られるからといってヘアメイクは必要ないと決めつけないことが大切ですね。

このようにカップル一組ごとに、ご希望はさまざまです。ですから、どういったご希望があるかを一つひとつ、細かく聞いていく必要があります。それには従来の結婚式の常識にとらわれない柔軟な対応がとても重要となります。

たとえばお召し物のお話をしている時に、『普通はタキシードとウェディングドレスですね』とご説明するのはダメですね。こういう場合は、『お二人は、何をお召しになられますか？』とお聞きするべきです」

阪田さんがいうように、今後、ＬＧＢＴの人々の結婚式をプロデュースする場合、ストレートのカップルの人々にこれまで聞いてきたような紋切型の質問をしているだけではダメでしょう。根本姿勢として、「お客様がいちばんしたいことは何か」を一つずつ聞いてゆき、カップルの希望を最大限、叶えていくという姿勢が求められます。こういった姿勢は、私どもが長年、プロデュースしてきたホームウェディングの場合とまったく同じです。

「やっぱり『普通はこうです……』というのがいちばん失礼にあたりますね。それに対して違うリクエストをしたとしたら、お客様は『自分たちは普通じゃないのか……』と感じてしまうことがありますからね」

たとえば女性同士のカップルですと、二人ともウェディングドレスを着たいというリクエストもあります。そういった時は、当然のことながら「じゃあ、ブーケは二つ必要ですね？」と、細かいところまで聞くことが大事だと阪田さんもいいます。

ＬＢＧＴ婚の費用とその分担

カフー ウェディングで行っているＬＧＢＴ婚を挙げる場合、三つのオプション・スタイルがあり、その後のパーティも二つの会場から選ぶことができます。興味がある方はぜひ同社のホームページをご覧ください。

カフー リゾートでＬＧＢＴ婚を挙げる場合、かかる費用の総額は、結婚式を挙げた後、列席者が10名ぐらいのパーティを行ったら、宿泊費等も含めて１００〜１５０万円程度となっています。ただし女性同士のカップルで、お二人ともウェディングドレスを着用すると、その分、レンタル料金がかかりますので総額で２００〜２５０万円くらいになるそうです。

そういった費用はどのように分担しているのでしょう。

「結婚式にかかる費用については、ほとんどのカップルがお二人でまかなっているという感じですね。やはり、男女のカップルとは異なり、双方のご家族からの援助はあまりないように感じます。お二人が付き合いはじめ、将来、結婚式を挙げたいと思うようになると、それから二人で貯金をはじめるという感じでしょうか。

LGBT婚の場合、ご列席される方の人数が少ないので、ご祝儀はあまり期待できませんから、どうしても総額の大部分を自費でまかなうという形になりますね」

カフー リゾートで結婚式婚を挙げられたLGBTのカップルの滞在期間は平均で3〜4日間。長いカップルで1週間とのこと。そして、沖縄滞在が新婚旅行を兼ねているようです。最近では、沖縄便の飛行機もLCCを利用すれば、運賃を抑えることができるというメリットがあります。

ところで、これはストレート婚、LGBT婚に限りませんが、カフー リゾートのようなリゾートホテルで結婚式を挙げたら、カップルやご家族、さらにはお友だちなど、結婚式が終わった後、みなさんでお食事をし、翌日からは数日の間ホテルに滞在して、沖縄観光に出かけたり、さまざまなアクティビティを楽しむというのが定番となっています。

さらに、阪田さんから面白い話を一つ伺いました。これまでウェディングを挙げられた女性同士のカップル全員が、指輪の交換をされたそうですが、なんとみなさん、指輪はカルティエだったとか。ご存知のようにカルティエの指輪はどれもとても高価ですが、記念として奮発しているようです。

なお、結婚式を挙げるにあたり、同ホテルにはチャペルがありますが、牧師さんに来てもらうのは少々難しいそうです。牧師さんのなかにはＬＧＢＴ婚でもＯＫという方もいらっしゃるようですが、やはり少数で、多くの方は宗教上の理由などで難しく、これまでのカップルは全組、人前結婚式を挙げられたと阪田さんは話しています。

ＬＧＢＴの人々の消費傾向は高い

全体的な傾向として、現在、沖縄をはじめとするリゾート地でウェディングを挙げる際、かかる費用の総額は、下がる傾向にあります。そのなかでＬＧＢＴ婚では、ストレートのカップルに比べ、かかる費用の総額は少々割高となります。というのも、列席者の人数が少ないのでどうしてもお食事代などが高くなるからと阪田さんは説明します。

「ＬＧＢＴ婚のカップルとストレート婚のカップルを比較すると、写真撮影代やドレス代、さらにはブーケ代などを、ＬＧＢＴのカップルのみなさんの多くは高価なものやアップグレードしたものを選ぶ傾向にあります。このあたりはＬＧＢＴの人々全体の消費動向に合致していますね。

また、ストレートのカップルだと、結婚後、子どもを作ることなどを考えて、結婚式にかかる費用はなるべく抑えようとする傾向があると思いますが、ＬＧＢＴのカップルは、子どもを持つことは現在の日本の法律では無理なので、結婚式では少し贅沢をしようとお考えになっていることも関係しているのかもしれません。しかも平均年齢がストレートのカップルより高いので、その分、使えるお金の額が高くなることは間違いないですね」

ところで、沖縄という場所をあらためて考えると、今後は日本国内だけではなく、中国や台湾のＬＧＢＴのカップルが沖縄でリゾート婚を挙げるということも大いに考えられます。ある報告では、中国全土には約７千万人ものＬＧＢＴの人々がいるという結果が出ています。同様に、台湾でも相当数のＬＧＢＴの人々がいます。そういった意味では、今後のカフー リゾートには大きなビジネスチャンスがあることは間違いないでしょう。

そのあたりについて阪田さんも、「現在、沖縄のリゾートホテルでＬＧＢＴフレンドリーを公表しているところは私どもだけですが、ほかの宿泊施設や飲食施設や観光施設などがＬＧＢＴフレンドリーを打ち出し、沖縄全体がＬＧＢＴに対してフレンドリーだという印象を示すことができれば、今後、一つの産業として伸びていく可能性はとてもありますね」と話します。

ほかの宿泊施設で、一気にＬＧＢＴフレンドリーを前面に打ち出すところが増えることは現状では難しいかもしれません。でも、阪田さんは自分たちが先頭に立って、大勢のＬＧＢＴの人々に沖縄に来てもらうためのさまざまなプランを出しているそうです。

「今後、さらに多くのＬＧＢＴのカップルの人々が私どもでもっと結婚式を挙げていただくために、今後はＬＧＢＴ専門の旅行会社との提携も必要だと考えています。最近では、一般の旅行会社からの問い合わせもありますので、私どもでのＬＧＢＴ婚に興味を持っているところも徐々に増えていくのではないでしょうか。

また、私自身は結婚式と並行して、全国のＬＧＢＴの人々が、沖縄で観光も兼ねてさまざまな出会いの機会が持てる、そんなイベントをぜひやってみたいと思っていま す」

ＬＧＢＴ婚をビジネスと考える前に心得ておくべきこと

最後に阪田さんと、今後、ウェディング業界全体がＬＧＢＴカップルに対してフレンドリーとなるためには、どういったことが重要であり、実際に業界で働いている私たちに求められる心構えはどういったものであるかを話し合いました。

まず、阪田さんは、「ウェディング業界では今後を見据えて、ＬＧＢＴ婚を新たなビジネスチャンスととらえて、さまざまな動きがはじまっています。でも、それは決して悪いことではありません」と開口一番、そう話します。しかし、ＬＧＢＴのお客様へのサービス面ばかりの充実だけを考えるだけでいいのか、という疑問もありますと阪田さんは続けます。

「実生活を送っていくうえで、周りに、それが会社であったり家族であったり、学校であったり、友だちであったりとさまざまですが、ＬＧＢＴの人が必ずいるはずです。自分の人生で今まで一人も出会わなかったという人もいるかもしれませんが、それは当事者がカミングアウトしていなかっただけだと思います。

そういった現状をまずは知ること。それを知れば、自分の職場にもひょっとしてＬＧＢＴの人たちがいるかもしれない、または、いても何の不思議もないと思えるでしょう。そんなふうに考えることができれば、じゃあ、ＬＧＢＴの人々のことをきちんと知りましょう。そして、そういった人々が少数派だからという理由だけで差別されたり、不当な扱いを受けることはおかしいときっと思うはずです。

そういった自分のプライベートなところからＬＧＢＴの人々と接することをはじめないと、実際にＬＧＢＴのカップルの方がお客様としてコンタクトを取ってきた時、心からのおもてなしができないと思いますね」

実際にカフー リゾートでは、ＬＧＢＴの社員もストレートの社員も社内では同じ福利厚生を受けることができる環境を整えているそうです。「結婚式というところだけにフォーカスして、単にＬＧＢＴ婚をビジネスチャンスととらえるだけで、足元の職場環境にも目を向けなければ本末転倒ではないでしょうか」と阪田さんは続けます。

この意見には私も大賛成です。今後はウェディング業界全体で、ＬＧＢＴ婚ビジネスを広めていく以前に、個々の職場でＬＧＢＴの同僚・社員の職場環境の整備が必須であることは声を大にして主張したいと思います。

沖縄でＬＧＢＴの人々を支えるスピリチュアル・カウンセラー

沖縄のＬＧＢＴ関連事情について、もう少し紹介しましょう。

ミシェルさんという沖縄在住のスピリチュアル・カウンセラーの女性がいます。彼女は日本人とアメリカ人の間に生まれ、子どものころからとても霊感が強かったそうです。大人になってからは長年にわたり、日本やアメリカの人たちから、彼らの未来や健康、キャリア、仕事、結婚、人間関係など、さまざまな相談を受け、スピリチュアルな面からのカウンセリングやアドバイスをしています。

２０１５年秋に全国ネットのテレビ番組で芸能人たちの悩み相談を行い、的確なカウンセリングをしている様子が放映され大きな反響を呼びました。彼女は、現在、沖縄を本拠に東京でも活動を行っています。

彼女のもとにはさまざまな悩みを抱えた人たちがやってきます。なかでも沖縄では以前から、ＬＧＢＴの人々やＬＧＢＴの子どもを持つ親からの相談がとても多いそうです。

ＬＧＢＴの人々からは、自分自身、それをどう受け入れたらよいかという相談をまず受けるそうです。自身がＬＧＢＴであることに気づいた時、彼らはとても戸惑うだけではなく、自分自身がどうしてこんなふうに生まれてきたんだろう、自分は生きていていいのだろうか？　という、とても深い悩みを抱えるといいます。そして、そんな自分を、家族や友人、知人に打ち明ける勇気をなかなか持てない……。

打ち明けても、わかってくれるのか、拒絶されてしまうんじゃないかという恐怖心から、うつ状態になる人も多く、なかにはうつが高じ、自らの命を絶ってしまう若い人も見てきたと彼女はいいます。

「こういった悩みを相談に来るＬＧＢＴの人たちに私は何より、まず自分自身がそういった自分を受け入れることからはじめましょう、とアドバイスします。まず自分で自分を愛すること、ありのままの自分を認めることがすべてのスタートになります。とても難しいことですが、それができると、そんな自分を認め、愛してくれる人が必ず出てくるからです。実際にそれができ、その後の人生をとてもハッピーに過ごしている人はたくさんいます。

ただし、残念ながら、日本の社会はアメリカなどに比べてまだまだＬＧＢＴの人々に対する偏見や差別が多いのも事実。だからカミングアウトすることへの恐怖心がとても強い。でも、そこを乗り越えるためのサポートを私もするよ、とアドバイスしています」と彼女は話します。

また、子どもがＬＧＢＴだという親からは、子どもがＬＧＢＴだと認めるよう努力するけれど、やはり孫の顔が見られないのがとても悲しい、という相談が多いそうです。ＬＧＢＴの人々やその親たちには、将来、子どもを持てないことがとても大きな問題となっていると彼女はいいます。ＬＧＢＴ婚が法律的に認められていない日本で、ＬＧＢＴのカップルたちが子どもを持つということは、現状ではとても難しいことです。

そこで彼女は、一つのアイデアを考えているそうです。それは子どもを欲しいと願っているゲイカップルとレズビアンカップルの出会いの場を提供できないかというものです。これをネット上などで展開できれば、そういった悩みの解消の一つとなるのではと彼女は考えています。

「法律的な面、医療的な面で色々大変かもしれないけれど、ＬＧＢＴの人々が新しい家族の形を作ることができるようにサポートしたいと思っています」

もっとも人気の高いハワイでＬＧＢＴ婚を挙げる

海外でリゾート婚を挙げるとなると、昔からもっとも人気の高い場所はハワイですね。ハワイはアメリカを代表する世界でも有数の観光地なので、アメリカ人だけではなく、毎年、日本からも多くのカップルがハワイの島々を訪れ、リゾート婚を挙げています。

そんなハワイ州がＬＧＢＴ婚を合法化したのは２０１３年12月のこと（２０１３年

11月13日に州議会通過、知事が署名し、12月2日に施行)。アメリカ国内では15番目に合法化に踏み切りました。合法化に際し、アメリカ国内や日本、さらには世界各国のLGBTのカップルが同地を訪れ、結婚式やパーティ、ハネムーンを行うことが予測され、ハワイ大学の試算では合法化から3年間で総額1億6600万ドル(約180億円)もの消費が見込まれるとしています。

事実、LGBT婚の合法化以降、ハワイの各島ではLGBTフレンドリーを公言するホテルやレストラン、各種飲食店、さらには各種アクティビティを催行している会社がどんどん増えています。ハワイでLGBT婚を挙げる際、その選択肢が他の国や地域と比較して多いことは、とても魅力的です。

ホノルルのあるオアフ島だけではなくハワイ州内には、LGBT婚を挙げられる教会やチャペル、披露宴やパーティなども開けるホテルやビーチ、さらには豪華な邸宅などさまざまあり、カップルは自分たちの好みに合わせた場所を多くの選択肢から選べるのはとても素敵なことです。

まず、ホテルではホノルルでも最高級の「カハラ・ホテル・リゾート」が挙げられます。同ホテルではホテル内のチャペルで結婚式を挙げた後、オープンエアのレストランで素敵なパーティを行えるプランがあります。また、ホノルルにある「ハレクラニホテル」や、ハワイ島にある「フォーシーズンズ・リゾート ファラライ」をはじめ、数多くのホテルがLGBTのカップルの結婚式を行っています。

一方、教会では、日本の芸能人や有名人カップルが結婚式を挙げることで有名なホノルルのセントラル・ユニオン教会（ただし、衣裳等に関して多少の制限等はあるようです）、さらにはビーチが一望できるキャルバリー・バイ・ザ・シー教会、ワイキキからもほど近いセント・クレメンツ教会など、オアフ島だけではなくハワイ州全島にはLGBT婚を受け入れてくれるところはたくさんあります。

ハワイでLGBT婚を挙げるに際して、最近では事前に日本国内から、さまざまな手配を行ってくれる代理店（エージェント）が増えています。こういったエージェントはインターネット上ですぐに検索することができ、利用するにあたっては便利だと思います。

ハワイで結婚式をすると、公的な証明書を発行してもらえる

ハワイでLGBT婚を挙げる際、気になるのはかかる費用の総額でしょう。いちばん安くあげるのなら、ビーチで二人だけで婚礼衣裳を身にまとい写真を撮るプランと

なります。このプランには、通常、滞在ホテルとビーチへの送迎料金、貸衣裳代、撮影費が含まれており、費用は約10万円前後（所要時間は約3時間ほど）となっているようです。

教会で結婚式を挙げるとなると、教会ごと、さらには列席者数によって、かかる費用はずいぶん異なります。カップルだけで挙げる場合、教会の使用料、聖職者へのお礼、貸衣裳代、ヘアメイク料、撮影代、送迎代などを含めて約20～30万円ほどが一般的のようです。当然のことながら、カップルの日本からハワイへの往復の飛行機代や現地での滞在費は別にかかりますので、その費用も準備しておかないとなりません。また、列席者がいらっしゃって、その後、パーティを開くとなると、その経費も当然、かかります。

ところで、ハワイでLGBT婚を挙げる場合、アメリカ合衆国の市民権がない日本人カップルでも、ハワイ州の結婚証明書（Marriage License）を取得することができます。

アメリカで結婚する際の手順は93～94ページで説明しましたが、ハワイでの場合もほぼ同様の手続きをすることになります。まず、結婚式の前にカップルでハワイ州の「Departmeut of Health（保健局）」に行き簡単な面接などを済ませ、申請手続きを行うと、早ければその日のうちに結婚許可書が発行されます。

そして翌日以降30日以内に結婚式を挙げ、式を挙げてくれた聖職者と立会二人のサインを結婚許可書にしてもらいます。それをハワイ州の役所に届けると、その後、約1～2か月前後で、日本の自宅にハワイ州公認の結婚証明書が郵送されてきます。

この証明書を取得すれば、ハワイ州政府が公的に結婚したことを認めたことになります。現在の日本ではこの結婚証明書は何ら公的なものとは見なされませんが、LGBTのカップルにとっては、外国のものではあったとしても唯一の公的な証になるということもあり、最近、ハワイで結婚式を挙げるLGBTのカップルの間で、この証明書を取得することが流行っているそうです。

ただし申請をするにはカップルが現地の役所に出向く必要があり、さらに現地の役人から英語によるさまざまな質問もあります。また、申請書類もすべて英語表記となっています。そういった手続きなどに不安を感じるカップルのために、現地でそれをサポートしてくれる代理店もありますので、興味がある方はコンタクトしてみてはいかがでしょう。

epilogue

LGBT婚という言葉を使わなくともよい社会に

多様化するニーズにいかに応えるか

プロローグでも触れましたが、日本では過去20年間にわたり、少子化の影響で婚姻届を出したカップルの総数は減少の一途をたどっています。今後もその総数はさらに減少していくことが確実視されています。

また、結婚はしたけれど結婚式や披露宴を挙げないというカップルが、例年、全婚姻カップルの半数ほどいるという現実を前にすると、ウェディング業界は現在から未来にかけて、厳しい状況に置かれていることは誰の目にも明らかでしょう。

ところが、ある調査結果によると、ここ5年間のブライダル関連市場（主要6分野。挙式披露宴・披露パーティ、新婚家具、新婚旅行、ブライダルジュエリー、結納式・結納品、結婚情報サービス）売上総額の推移を見ると、約2兆5千億円とほぼ横ばい状態にあります（矢野経済研究所）。

また、別の調査結果では、そのうち結婚式や披露宴、披露パーティに掛ける費用の総額は、2015年の全国平均は約353万円となっており、5年前と比較して約25万円増加しています。さらに同年の披露宴・披露パーティの列席者数の全国平均は

生涯未婚率

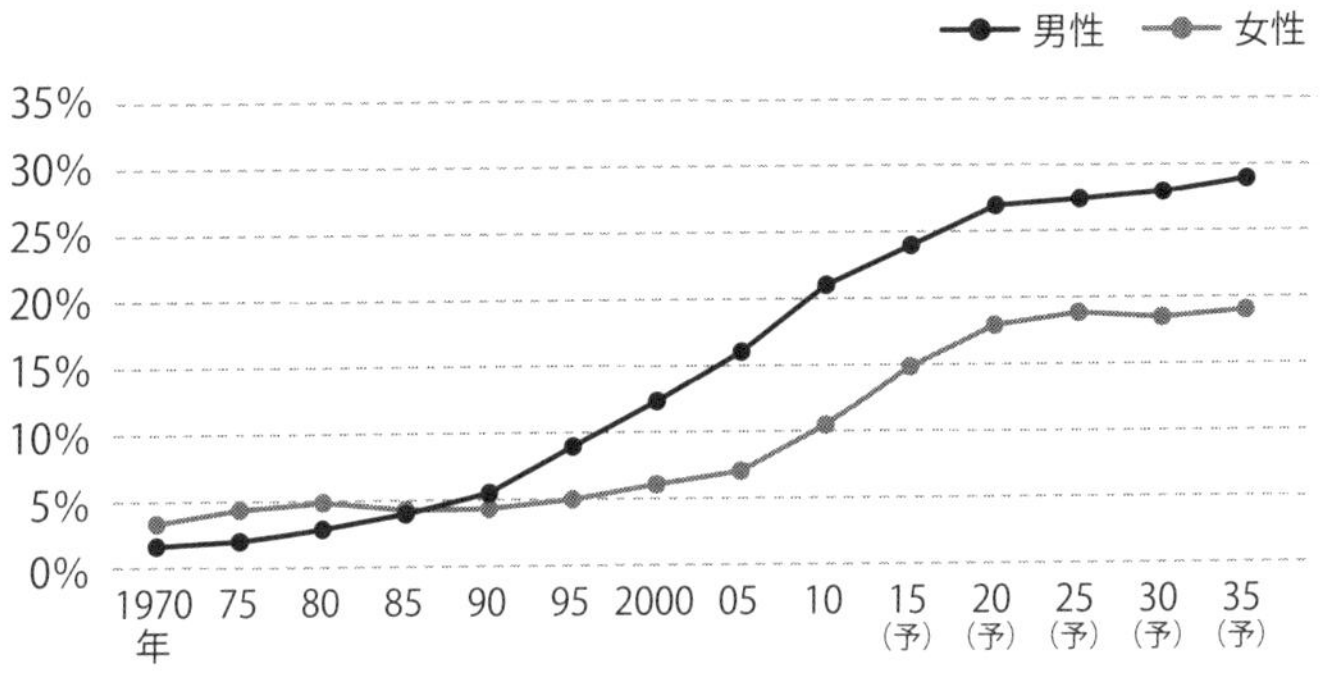

注：生涯未婚率は50歳時点で一度も結婚をしたことがない人の割合
出典：国立社会保障・人口問題研究所

約73人と、この人数は、例年、ほぼ横ばい状態となっています（結婚トレンド調査「ゼクシィ」２０１５）。

　このことから、披露宴や披露パーティにかける費用が年々、増加していることがわかります。つまり、ご列席された方にお出しする料理や飲み物にこだわったり、披露宴の間にご列席の方々に楽しんでもらえるような演出に凝るカップルが増えているという傾向が読み取れます。その要因はさまざま考えられますが、男女ともに結婚する平均年齢が年々高くなっており、歳相応の結婚式や披露宴を挙げようとするカップルが増えているということかもしれません。

　一方で、結婚式や披露宴にあまりお金

をかけずに済ますカップルも同様に増えているのも事実です。このように二極分化する結婚式、披露宴の現状を見ても、結婚式を望む個々のカップルの希望を丁寧に汲み取り、それらを実現していくためには、私たちウェディング業界にかかわる者すべてが、今後もより一層、何よりお客様の多様なニーズにお応えできる柔軟な対応や姿勢を取らなければなりません。

グローバルな視点から見る限り、お隣の中国ではフォトウェディングが中心になっています。

LGBTのカップルが普通に結婚式を挙げられるために

このような状況にあるなか、ウェディング業界全体でLGBTの人々の結婚式や披露宴を積極的に受け入れ、LGBTのカップルのみなさんに心から喜んでいただける結婚式や披露宴を開くことができるようになれば、新たなビジネスドメインの開拓となることはいうまでもありません。

さらには、2020年の東京オリンピック・パラリンピックの開催に向けて、日本国内だけではなく中国をはじめとするアジア各国、そして欧米各国などからやってくるカップルも視野に入れたビジネスを展開できれば、ウェディング業界全体のグローバル化も進み、さらなる発展を遂げることになるはずです。

しかし、前にも触れましたが、日本の社会全体ではまだまだＬＧＢＴの人々への無理解や偏見、差別などが依然として残っているのも事実です。それらを解消するためには、日本の社会全体でＬＧＢＴの人々に対する意識を少しずつでも変えていき、社会に余裕と融和を持たせる必要があります。


では、最後にまとめとしてお話ししたいと思います。

ウェディングの基本は二人が満足することです。ストレート婚でもＬＧＢＴ婚でも基本は何ら変わりありません。二人に喜ばれる結婚をプロデュースする必要があります。その満足をしていただくために、ＬＧＢＴ婚をカスタムメイド婚としてとらえることが必要です。その意味ではホームウェディングに近いと思います。

ＬＧＢＴの人々が真の満足を得るためには、私たちは謙虚になりＬＧＢＴ婚について学ぶべきことがあります。

アメリカの事情は大変参考になります。アメリカの先進の情報に基づいてみなさんと一緒に試行錯誤しながら、日本的なＬＧＢＴ婚を創り上げることが必要です。

社会目的とビジネスは調和させることが重要ですが、まさにＬＧＢＴ婚とＬＧＢＴの人々を受け入れる日本社会を創るのとは、同じベクトルで整合性があります。広い視点と長期的な指向から日本でのＬＧＢＴ婚がみなさんの協力を得ながら定着することを願っています。

私たちはまず何から取り組めばいいのでしょうか？

カフー リゾートの阪田さんもおっしゃっていましたが、ＬＧＢＴ婚を単にビジネス・チャンスととらえるのではなく、まずは自分の周りや職場にきっといるはずのＬＧＢＴの人々を理解すること、そして彼らの権利が守られるよう環境を整えていくことが急務だと私は思います。

私どもジャスマックでは、まず第一歩として社内でＬＧＢＴの人々を理解するための勉強会を続けると同時に、外に向けても、ＬＧＢＴフレンドリーであることを公言していきたいと考えています。

また、現在、開講しているウェディングプランナー養成プログラム（ウェディング

ストレート婚とLGBT婚

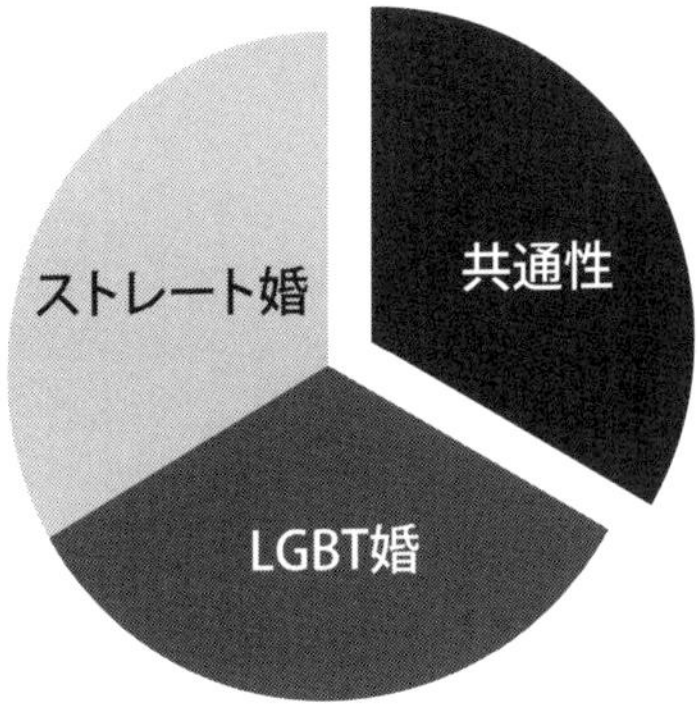

カスタムメイド婚

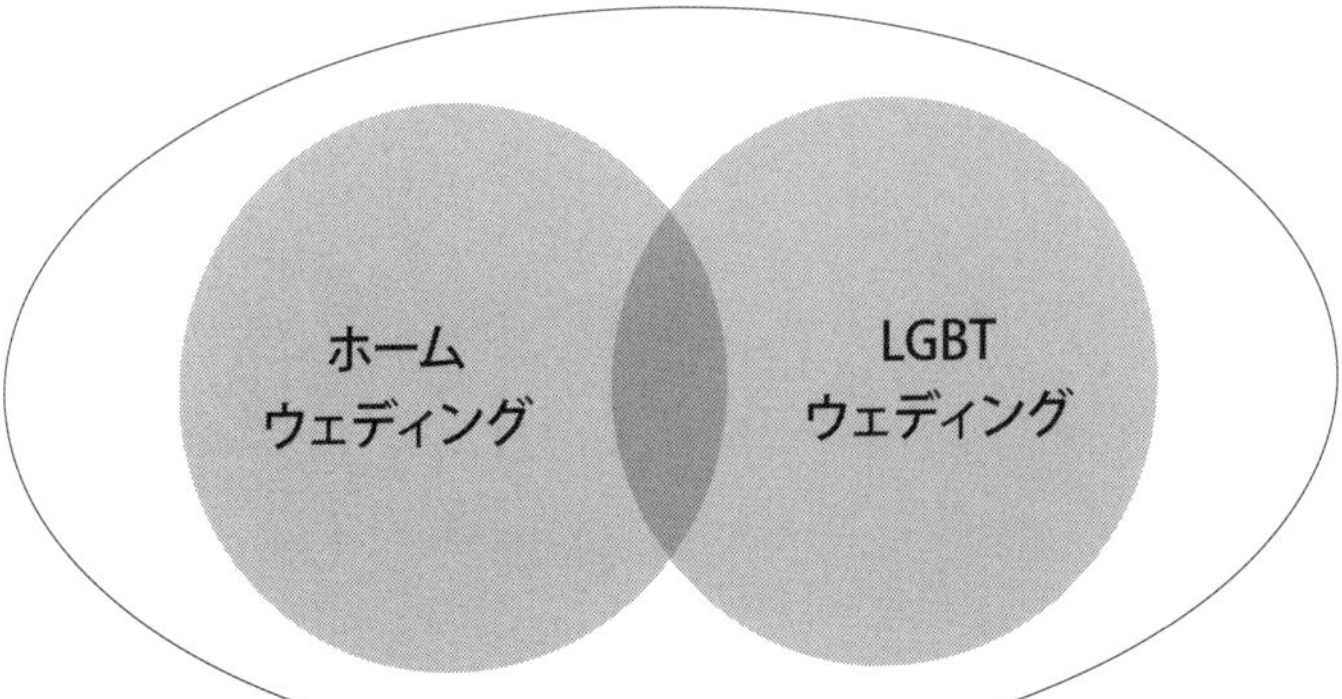

©Keiichi Miwa

スビューティフル）では、早急に、ＬＧＢＴの人々をきちんと理解し、ご相談にいらっしゃるＬＧＢＴのカップルの人々への適切かつホスピタリティあふれる対応法を学び、それを実践できるカリキュラムを整えたいと考えています。

結婚式は素晴らしいものです。結婚式を挙げたいと望むすべてのカップルには、幸せあふれる結婚式を挙げる権利があります。そこにストレート婚、ＬＧＢＴ婚の区別はあってはなりません。

あとがきに代えて

LGBT婚がウェディング業界全体へ与えるインパクトとその意義

結婚サービスを含めたサービス産業は、日本経済産業構造の視点から見ると今後の新たな発展が望まれます。少子高齢化に伴う安定成長経済へ突入した日本経済にとっては、サービス産業をインバウンド・アウトバウンドの区別を越えてグローバル化させ、主力知識産業に育成することが必要です。

現在のモノからサービス、知識中心の産業へのシフトの現象ととらえることも可能です。

著者である葛和さんは、日本のウェディング業界では「ハウスウェディング」「チャリティウェディング」「リゾートウェディング」など、今まで常にイノベーター（先駆者、イノベーション実施者）として活躍し続けてきました。今回の出版は著者のこのような貴重な体験がなければできなかったといっても過言ではありません。

イノベーターの常として、残念ながら世間ではあまり知られていませんし、正当に評価されていません。一貫してオーダーメイドの質の高い結婚式のコーディネートを追求しています。反対に業界の一部では、オーダーメイドで品質の高い結婚式を参考に一般大衆化して、これを量産化してコピーしている事例が多々あり、業界は先駆者としてもっと著者に感謝をすべきです。

さらに米国の「Weddings Beautiful Worldwide」というウェディングプランナー認定資格制度を導入して、結婚式に関する教育を知識として着目して、教育体系作りによる知識経営の先駆けも実践しています。著者は今回、LGBT婚という新しい分野で日本のウェディング業界と日本社会にイノベーションをもたらす提案をしています。

ここで付け加えると、科学分野、モノづくり分野だけでなく、社会システム分野の結婚式でも当然イノベーションは存在します。さらに著者は、単にアメリカの結婚式をコピーするのではなく、「本家どり」して日本の文化や社会環境を加味することにより「化学変化」を起こして、日本に最適な結婚式の創造（イノベーション）を形成しています。

LGBT婚の定着は、日本が民主国家としてグローバル化するうえでこの社会が越えるべき通過点であります。東京オリンピック・パラリンピックが2020年に開催されるので、日本では性的差別やレズビアン、ゲイ、バイセクシャル、トランスジェンダーの視点からも積極的にあらゆる差別を撤廃すべきです。

米国では2015年連邦最高裁判決によって法制上解放されていますが、日本では法律的な視点からの方向性は示されていません。

しかし、日本は本来民俗風土としては性の許容度が高い文化的、社会的土壌がありますす。さらに日本ではキリスト教、イスラム教、ユダヤ教等の一神教に見られるような宗教的な束縛もあまり強くありません。

私は、カリフォルニア州サンフランシスコ市近郊のシリコンバレーに駐在した体験がありますが、日本は社会風俗の歴史から見ても性的な自由度は高いかもしれません。米国がたとえ法的に自由化されたとしても、宗教的な抵抗からLGBT婚の自由化が実際に全米でほんとうに浸透するのは時間がかかると感じました。米国の歴史で公民権法の浸透に時間がかかったように、LGBTについても同じかもしれません。

この社会の変容を目指すイノベーションには、苦難や偏見が予想されます。しかし、達成するだけの価値は大いにあります。

ウェディング業界だけでなく、サービス産業全体が国際化するにはレズビアン、ゲイ、バイセクシャル、トランスジェンダーなどの性に関する差別を解決することが求められており、日本人みなで意識を変革しなければなりません。その意味ではLGB

T婚とは差別を越えて認め合う一歩としての象徴であり、重要なのです。著者は、社会的要請に応える形でまさにLGBT婚を導入し改善し、さらなるイノベーションを発生させようとしています。

著者は、本質的には結婚式とはカップルの絆、満足及び周囲との人間関係作りがコアの部分であり、ここはストレート婚でもLGBT婚でも共通であると指摘しています。表面的な部分では異なって見えるだけでコアの部分は共通性があります。だから結婚式の基本をしっかり学んでおくことが重要です。

従って、LGBT婚とは特別な結婚式ではなく、一種のオーダーメイド婚であるといっても過言ではありません。ただし、前例やまだ挙式数が少ないことから特別に注目を浴びていますし、述べられてきたような配慮や心遣いは当然必要です。そこでウェディング関連業界全体で研究し、切磋琢磨することが求められています。ここに著者のノウハウや体験、知識が活かされるわけです。

本書に書かれた内容は、著者の豊かな経験に裏打ちされた公平かつバランスのとれた提案です。モラルや社会慣習は時代によって変遷します。次世代に新しい結婚の形を継承する義務があります。

現在のLGBT婚に関する出版物は、体験談的な本は出版されはじめています。しかし、ウェディング業界としてＬＧＢＴ結婚式に関する普遍化された本はいまだありません。

本書がその第一歩であることに意義があり、社会に対するインパクトを期待しています。知識産業振興につながる道です。著者の思いを理解いただければと思います。

葛和さんご苦労様です。今後の活躍を期待しております。

東北福祉大学特任教授・株式会社介護知識総合研究所　代表取締役　三輪　恵一

【参考文献】

『職場のLGBT読本―「ありのままの自分」で働ける環境を目指して―』柳沢正和、村木真紀、後藤純一著／実務教育出版
『LGBTQ ってなに?―セクシュアル・マイノリティのためのハンドブック―』ケリー・ヒューゲル著、上田勢子監修／明石書店
『LGBTQを知っていますか? 』星野慎二著、日高庸晴監修／株式会社少年写真新聞社
『同性婚のリアル』東小雪、増原裕子著／ポプラ社
『週刊 東洋経済』東洋経済新報社
『週刊 ダイヤモンド』ダイヤモンド社
『AERA』朝日新聞出版
『日経ビジネス』日経BP社
『日経WOMEN』日経BP社
『宣伝会議』宣伝会議
『GQ JAPAN』コンデナスト・ジャパン
『プレジデント』プレジデント社
『CREA』文藝春秋
『ソトコト』木楽社
『The Business of Gay Weddings: A Guide for Wedding Professionals』Bernadette Coveney Smith著／Goodnow Flow Publishing
Web 版『CSR企業総覧』東洋経済新報社

ジャスマック　ウェディング教育ビジネスの歩み

1988年	ジャスマックエージェンシー設立、ウェディング事業開始
1991年	ジャスマック八雲スタジオ（現 JASMAC YAKUMO）落成、日本初となるオリジナルプロデュースによる「ホームウェディング」を開始
1996年	ジャスマック青山スタジオ（現 JASMAC AOYAMA）にてホームウェディグを開始
2000年	米国に本部を置くウェディングスビューティフルワールドワイド（WBW）と提携、日本独占営業ライセンスを取得し、WB ジャパン（日本支部）設立〈WBW『認定ウェディングスペシャリスト（CWS）』資格運営機関〉
2002年	ジャスマックアカデミー　ウェディングプランナー養成スクール（通学）を開講 第1回ハワイウェディング研修主催
2006年	ウェディングプランナー養成 e ラーニングコースを開始

2010年	テキスト「日本のウェディングプランナー育成プログラム」発刊 WBJ「認定ウェディングプランナー」認定試験運営を開始
2011年	テキスト「日本のドレスコーディネーター育成プログラム」発刊 WBJ「認定ドレスコーディネーター」認定試験運営を開始 厚生労働省認可『特定労働者派遣事業許可』取得（許可番号：特13-313779）専門学校、大学、企業等へ講師を派遣 厚生労働省所管「基金訓練」・「求職者支援訓練」職業教育・認定実施機関
2014年	WBハワイ独占営業ライセンスを取得し、WBハワイ（ハワイ支部）設立　新企画（オリジナル）プログラムによるハワイ研修開始 ウェディングスビューティフル協会発足 WB認定「ハワイウェディングコーディネーター（CHWC）」認定試験運営を開始

現在に至る

ジャスマック 八雲

JASMAC YAKUMO

東京・駒沢公園にほど近い閑静な住宅街に佇む邸宅です。イタリアの「ストーン賞」を受賞した建物は、外観・内観ともに大理石を多用したスタイリッシュな雰囲気。2フロア吹き抜けの開放感あふれるリビング&ダイニングをはじめ、AVルーム、プライベートバーなどの設備を自由に使いこなし、一日一組限定で、世界に一つだけのカスタムメイドの結婚式が挙げられます。

〒152-0023 東京都目黒区八雲 5-1-3
Tel.03-3725-3300
http://www.jasmac-agc.co.jp/yakumo/

ジャスマック 青山

JASMAC AOYAMA

東京・南青山の閑静なエリアに位置する「ジャスマック青山」。洗練された高級感のある建築は、権威ある「プリツカー賞」を受賞したイタリア人建築家、アルド・ロッシ氏が手がけました。一棟を貸し切り、海外挙式後のパーティやイベントのご利用も多く、料理はコースからブッフェ形式まで、予算に応じて対応できます（立食で150名まで収容可能）。

〒107-0062 東京都港区南青山 4-11-1
Tel.03-3746-3399
http://www.jasmac-agc.co.jp/aoyama/

ご購入及びご購読いただきありがとうございます。
以下の項目について、LGBT Wedding のお問い合せ・ご相談を承ります。

ウェディングスビューティフル協会

TEL　03-5785-3311

FAX　03-5412-0303

E-mail　info@weddingsbeautifuljapan.com

- LGBT挙式・披露宴のご相談
- LGBT Weddingに関するスタッフ教育
- LGBT Weddingの司式者（牧師）紹介

LGBTウェディング

セクシャル・マイノリティ、ウェディング業界人のための入門書

2017年1月27日　第一版　第一刷　発行

著　者　葛和《くずわ》 フクエ

監　修　三輪 恵一

発行人　西 宏祐

発行所　株式会社ビオ・マガジン

〒141-0031　東京都品川区西五反田8-11-21

五反田ＴＲビル1Ｆ

TEL：03-5436-9204　FAX：03-5436-9209

http://biomagazine.co.jp/

印刷・製本　シナノ印刷株式会社

ISBN978-4-86588-010-6　C2011